성공을 부르는
강점 성격

A STRENGTH PERSONALITY

강점 스위치를 올리면 성공이 켜진다

성공을 부르는
강점 성격

강민정 지음

성공의 첫걸음은 자신의 성격을 아는 것이다

성격은 사람을 안내하는 운명의 지배자이다.

— 해라클레이토스

인간은 사회적 동물로 혼자서는 살아갈 수 없다. 가족·친구·학교·직장 등 다양한 관계 속에서 끊임없이 부딪히고 소통하며 '함께'라는 공동체를 만들어간다. 사람은 외모가 다르듯 누구나 자기만의 고유한 성격특성을 가지고 태어나며, 자신만의 강점 성격을 지니고 있다. 개인을 이해하는 데 있어 외모, 나이, 학력 등 다양한 요인이 존재하지만, 그중에서 제일 중요한 영향을 미치는 것은 바로 성격이다. 그 이유는 성격은 개인의 내면에 존재하는 행동 성향으로 일상생활 속에서 무의식적인 말과 행동으로 나타나기 때문이다. 이러한 성격적 특성은 타인에게 보여주는 전체적인 이미지로 정의되며 그 사람을 판단하는 데 있어 중요한 요인이 된다.

상대방의 성격을 단번에 꿰뚫어 볼 수 있는 능력이 있다면? 상상만 해도 신나는 일이다.

대부분의 사람은 자신의 성격을 잘 알고 있다고 생각한다. 때로는 "난 이런 사람이야."라고 자신 있게 표현하기도 한다. 자신의 성격을 잘 안다는 것은 매우 중요하다. 앞에서도 말했듯이 다양한 관계에 중요한 영향을 미치기 때문이다. 하지만 그보다 더 중요한 것은 자신의 성격유형에 따른 강점 성격을 제대로 파악하고 어떻게 활용하는가이다.

H해상 근무 시절 첫 영업팀장으로 부임했을 때의 일이다. 나를 제외한 나머지 팀원이 40대 초반에서 60대 초반의 다양한 연령대로 구성된 신생팀이었다. 이모와 엄마뻘로 구성된 팀원 중에는 각 입사한 신입 사원도 있었고, 20년의 경력을 내세우는 베테랑인 선배님도 계셨다. '한 분의 낙오자도 없이 어떻게 이 팀을 이끌어나가지?'라는 생각이 들었다. 그때 당시 저자가 생각해낸 방법은 바로 강점 성격 전략이었다. 우선 팀 회의를 위해 팀원들을 불러 모은 후, 앞으로 팀을 이끌게 될 새로운 팀장이라고 자신을 소개했다. 필자는 "초보팀장이라 많이 부족하겠지만 최선을 다해 팀을 이끌어나가겠습니다. 제가 팀장으로써 최대한 역량을 발휘할 수 있도록 여기계신 팀원들께

서 도와주십시오."라고 말했다. 그리고 팀원들에게 1년 후 본인이 받고 싶은 급여를 작성하게 한 후 보이는 곳에 붙여두게 했다. 마지막으로 팀원들을 대상으로 MBTI를 실시하여 개인의 강점 성격을 파악 후 맞춤 관리를 했다. 그 결과 1년이 채 되지 않아 대부분의 팀원이 목표한 급여를 달성할 수 있었다.

4차 산업혁명 시대를 살아가는 오늘날 하루가 멀다 하고 새로운 정보들이 쏟아지고 있으며, 예상치 못한 코로나 사태를 겪고 있다. 장기화된 코로나 여파로 인해 학생·취준생·직장인·자영업자 등 대한민국을 넘어서 세계적으로 인류가 힘든 상황을 겪고 있다. 아이러니하게도 이러한 혼란 속에서도 성장하는 기업은 더욱 성장하고, 성공하는 사람은 더 큰 성공을 이룬다. 성공하고 싶은가? 성공하기 위해서 반드시 필요한 키워드가 바로 '강점 성격'이다. 흔히들 전쟁에 나가기 위해서 무기가 필요하다고 한다. 오늘날 우리는 학업, 취업, 목표 달성 등 매일매일 전쟁 같은 일상을 살아가고 있다. 아무리 AI 기술이 발달해도 인간의 생각과 상상력을 따라올 수는 없다. 그리고 결정적으로 인간을 대처하는 로봇들은 성격이라는 것이 존재하지 않는다. 성격은 인간의 고유한 특성으로 자신의 특질에 맞게 형성해 나가는 특징이 있기 때문이다.

당신은 어떤 강력한 무기를 지녔는가? 자신에게 가장 강력한 무기는 바로 강점 성격이다.

이 책을 읽는 독자들이 강점 성격이라는 성공 키워드를 통해 '나'라는 퍼스널 브랜드를 구축하고, 더 나아가 성공이라는 꿈을 이룰 수 있도록 강점 성격이라는 무기를 자유자재로 활용할 수 있기를 바란다.

content

CHAPTER 1

숨은 꿈
찾기

꿈의
시작

당신이 할 수 있는 가장 큰 모험은 당신이 꿈꾸는 삶을 사는 것이다.
- 오프라 윈프리

❖ 저 영정 사진이 나라면, 후회할 일은 무엇일까?

2007년 9월 추석 명절을 앞둔 어느 늦은 밤, 가족 모두 한가로이 잠을 자고 있었다. 갑자기 전화벨이 울렸다. 시간은 새벽 1시⋯ 왠지 모를 불길한 예감이 들었다. 불안한 마음에 "여보세요." 하며 수화기를 들었다. 수화기 반대쪽에서 "민정아, 민정아⋯." 하며 떨리는 목소리로 다급하게 나를 부르는 아버지의 목소리가 들렸다. 깜짝 놀라 "아버지, 무슨 일이에요?"라고 물었다. 아버지는 주무시다가 갑자기 몸이 안 움직여진다고 하셨다. 순간 하늘이 무너지는 것 같았다. 이래서는 안 되겠다는 생각에 정신을 가다듬었다. 일단 아버지를 진정시킨 후 119에 접수부터 하라고 말씀드렸다. 전화를 끊은 나는 급하게 옷을 갈아입고 H대학교 응급실로 달려갔다. 울산에서 대구까지 30분 만에 도착했다. 어떻게 운전했는지 지금도 기억나지 않는다.

그렇게 정신없이 H대학 응급실로 달려갔다. 도착 후 응급실 침대에 누워계신 아버지의 모습을 보고 심장이 '쿵'하고 내려앉을 것만 같았다. 힘겹게 누워계신 아버지는 허공에 팔다리를 이리저리 휘저으며 자신의 몸을 제대로 가누지 못한 채 매우 고통스러워하고 계셨다. 나는 조용히 옆으로 다가가 아버지의 손을 꼭 잡으며 "금방 괜찮아 질 테니 조금만 참으세요."라고 말하며 안심시켜드렸다. 아버지의 상태가 위독하다는 담당 주치의 말에 급하게 입원 절차를 밟고 정밀검사를 진행하게 되었다. 결과를 기다리는 내내 안절부절 못하며 발을 동동 굴렀다. 한참 시간이 지난 후 검사 결과가 나왔다. 불길한 예감은 왜 틀리지도 않는지… 아버지의 검사 결과는 뇌경색을 동반한 뇌출혈이었다. 좌 뇌출혈과 우 뇌경색을 동시에 동반한 상태로 담당 주치의도 이런 경우는 매우 드물다고 했다. 한동안 검사 차트를 살펴보던 담당 주치의는 한쪽의 뇌출혈 관련 처방을 하면 반대쪽 뇌경색 치료에 무리가 가는 상황이며, 반대로 뇌경색 관련 처방을 하면 뇌출혈 치료에 무리가 가는 상태라고 했다. 현재로서는 수술도 불가능한 상태이므로 좀 더 상황을 지켜보자고 했다. 순간 "이게 무슨 마른하늘에 날벼락인지…" 이러지도 못하고 저러지도 못하는 상황에 가슴만 타들어 갔다. 담당 주치의가 돌아가고 병상에 누워계시는 아버지를 보니 마음이 아팠다. 아버지는 몸이 말을 듣지 않는지 몸부림을 치면서 매우 힘들어하셨다. 그러곤 나에게 "민정아, 너무 힘들다. 너무 힘이 드니 잠 좀 재워주렴."라고 하셨다. 너무나 고통스러워하는 모습을 보며 아무 말도 못 하고 아버지의 손을 꼭 잡아드렸다. 검사를 위해 잠시 잠이 드신 아버지는 그렇게 깊은 잠에 드셨다. 병원에 입원한 지 정확히 열흘 뒤, 그것도 아버지 생신날 아침에…

영원히 깊은 잠에 빠져 버리셨다.

갑작스런 아버지의 장례를 치르느라 정신이 없었다. 사실 장례를 한 번도 치러본 적이 없었기에 우리 삼 남매는 더욱 정신이 없었다. 밤낮으로 몰려오는 손님들을 치른 후, 발인을 앞둔 마지막 날 늦은 시간까지 빈소를 지켰다. 가만히 앉아 젊은 시절 아버지 모습이 담긴 영정 사진을 한참을 바라봤다. 며칠 전 병상에 누워계실 때와는 다르게 너무나 멋있고, 늠름한 모습이셨다. '우리 아버지에게도 저렇게 젊은 시절이 있었구나.'라는 생각을 하니 나도 모르게 눈물이 주르륵 흘렀다. 흐르는 눈물을 닦고 고개를 들어 다시 아버지의 영정 사진을 바라 봤다. 사진 속의 아버지는 할 말이 있으신 듯 나를 바라보고 계셨다. 멍하니 앉아 아버지의 옛 모습을 회상했다. 아버지는 누구보다 건강하고 강인한 분이셨다. 그래서 더욱 아버지의 빈자리가 믿기지 않았다. 아버지는 8남매 중 장남으로 태어나 부모님을 모시며 지금까지 가장의 역할에 최선을 다하셨다. 내가 태어나는 해 울산으로 상경하여 가족의 생계를 위해 길거리 노전부터 시작하셔서 안 해본 일이 없으셨다. 수많은 세월의 풍파를 겪으시고 이제 겨우 숨 돌릴 만한 상황인데, 쉰일곱이라는 너무나 젊으신 나이에 갑자기 우리 곁을 떠나 버리셨다. 항상 든든한 버팀목 같은 존재였기에 장례를 치르는 동안에도 아버지의 부재가 실감이 나지 않았다. 출상을 앞둔 마지막 날, 늦은 시간 혹여나 향이 꺼질까 불침번을 서며 한참동안 아버지의 영정 사진을 멍하니 바라보고 있었다.

문득 '옛 어른들 말씀에 오는데 순서 있어도 가는데 순서 없다더니 그 말이 꼭 맞구나.'라는 생각이 들었다. 이런저런 생각에 혼자서 울다 멈추기를 반복하기를 수차례… 그제서야 아버지의 빈자리가 실감났다. 얼마나 울었는지 더 이상 눈물도 나지 않았다. 한참을 아버지 사진을 바라보고 있다가 문득 이런 생각이 들었다. '만약 저 영정 사진 속에 주인이 나라면 사진 속에 내 모습은 환하게 웃고 있을까?'라는 생각이 들었다. 갑자기 기분이 '묘'해졌다. 그리고 다시 '내가 어느 날 갑자기 눈을 감는다면 후회할 일은 뭘까?' 조용히 생각에 잠겼다.

내 나이 스물아홉… '그래, 조금은 이른 나이에 가정을 이뤄 든든한 신랑과 사랑스런 딸아이도 있고, 나름 직장 생활에도 만족하고 있으니 특별히 후회가 될 일은 없겠지.'라고 생각했다. 그러나 그것도 잠시. 순간적으로 '그래 캠퍼스 생활!' 나의 오래전 꿈이 갑자기 떠올랐다. TV드라마에서처럼 예쁜 여대생이 되어 친구들과 MT도 가고, 동아리 활동도 하며 대학 생활을 즐기는 상상을 했다. 갑자기 '쿵쾅 쿵쾅' 심장이 뛰기 시작했다. '그래, 후회 없는 삶을 살자. 아직 늦지 않았어. 새로운 꿈을 꾸기에 너무 늦은 나이란 없어. 평소 내가 꿈꾸었던 일을 지금이라도 시작해 보는 거야.' 불현듯 이래서는 안 되겠다는 생각에 언니와 남동생을 깨웠다. "우리 삼 남매 중 아버지한테 학사모 한번 씌워준 이가 없다. 가족을 위해 고생하신 아버지를 봐서라도 이래서는 안 된다. 아직 늦지 않았으니 지금부터라도 우리가 아버지에게 못 씌워 드린 학사모를 엄마에게는 꼭 씌워드리자."라고 말하며 언니와 동생을 설득했다. 2007년 아버지의 장례를 무사히 치르고 그다음 해인 2008년 삼 남매 모두 대학에 진학하게 되었다.

#
사람을 움직이는 가장 강력한 에너지는 바로 꿈이다.

방황하던 아이
꿈이 생기다

꿈을 품고 뭔가 할 수 있다면 그것을 시작하라. 새로운 일을 시작하는 용기 속에 당신의 천재성과 능력과 기적이 모두 숨어있다.

– 괴테

◆ 꿈꾸는 사춘기

사실 나는 학창시절 시절 사고뭉치였다. 흔히 말하는 껌 좀 씹는 '문제아'였다. 사춘기 시절 공부에는 도무지 관심이 없었으며 친구들과 철없는 행동으로 부모님의 속을 꽤나 태우던 말썽꾸러기였다. 온종일 '어떻게 하면 재미있게 놀까?' 라는 생각으로 친구들과 하루 종일 놀 궁리만 했다. 중학교 1학년 봄 소풍을 앞두고 단짝 친구들과 함께 춤 연습을 했다. 그때 당시에 '서태지와 아이들'이 가요계에 혜성처럼 나타나 새로운 대중가요의 역사를 쓰고 있을 무렵이었다. 한창 인기 스타에 관심이 많았던 사춘기 여중생이었던 우리는 '서태지와 아이들' 춤으로 봄 소풍 장기자랑을 준비하기로 했다. 1990년도 당시만 해도 지금처럼 클릭 한 번으로 자료를 쉽게 구할 수 있는 시대가 아니었다. 우리 삼총사는 매일 같이 붙어 다니며 음악방송이 나오는 시간을 온종일 손꼽아 기다렸다. 그렇게 기다리다 방송 시간이 되면 셋이서 TV 앞에 모여 앉아 비디오테이프로 녹화 후 다음날 테이프를 돌려보고 또 돌려보며 춤 연습을 했다. 팀워크가 좋았던 우리는 하루도 빠짐없이 맹연습을 하며 불타는 사춘기를 보내고 있었다. 드디어 소풍 당일 우리는 모자와 옷의 상품 태그를 떼지 않은 채(당시 그 패션이 유행이었다) 한껏 멋을 부리고 등교했다. 드디어 기다리고 기다리던 점심시간이 다가왔다. 정성 들여 싸온 김밥을 맛있게 먹은 후 자유시간이 주어졌다. 우리 셋은 준비해온 카세트에 테이프를 넣고 play 버튼을 눌렀다.

순수한 사춘기 여중생들의 봄 소풍 추억거리로 시작된 삼총사 공연은 폭발적인 반응으로 예상 밖의 결과를 초래했다. 공연이 끝나자 각 반의 반장들과 얼굴도 모르는 친구들이 달려와 서로 자기 반으로 와서 춤을 춰달라고 부탁했다. 갑작스러운 요청으로 동남아 순회공연(?)을 마치고 드디어 장기자랑 시간이 됐다. 각 반을 대표하는 친구들이 무대위에서 자신들의 재능을 발휘했다. 우리 삼총사도 맘껏 무대를 즐겼다. 반응은 폭발적이었다. 학생·선생님 모두 하나가 되어 신명나는 한마당 잔치가 펼쳐졌다. 봄 소풍 이후 나는 학교에서 팬클럽이 생길 정도로 유명 인사가 됐다. 순수했던 그 시절 사춘기 여학생들은 정성 들여 쓴 손 편지와 진심을 담은 선물을 조심스레 전해주며 나를 응원해주었다. 각종 행사 시 주 측이 되어 친구들과 함께 안무를 짜고 춤을 췄다. 하지만 예민한 사춘기를 보내고 있던 나는 시간이 지날수록 친구들과 선생님들의 관심이 부담스러워졌다. 불편한 마음에 이유 없는 반항을 하며 오히려 그때부터 삐딱하게 굴기 시작했다. 수업 시간에 엎드려 자는 것은 일상다반사였으며, 학교에서 문제아 친구들과 어울리면서 하지 말라는 일들만 골라하며 사고를 치고 다녔다. 시간이 지날수록 변해가는 나를 보며 선생님들은 점점 실망하는 눈치였으며, 친구들 역시 하나둘 피하기 시작했다. 주위의 관심이 부담스러웠던 나는 오히려 그런 상황이 편하게 느껴졌다.

그러던 어느 날 나를 유심히 지켜보시던 무용 선생님께서 아버지에게 "민정이 무용 한번 시켜보세요."라고 권하였다. 선생님의 권유에 아버지는 지푸라기라도 잡는 심정으로 나에게 무용을 배워보라고 하셨다. 학교와 집에서도 말을 듣지 않는 사고뭉치였던 나는 '마침 잘됐네, 머리 아픈 공부보다 무용이 나에게 맞을지도 몰라.'라는 생각으로 무용학원에 등록했다. 내가 학원에 다닌다고 하자 친구들은 놀라는 눈치였다. "민정이가 무용학원을? 학원 간다고 하고 매일 땡땡이치겠지?", "에이, 민정아 학원가지 말고 우리랑 놀자." 등 주위의 유혹이 끊이지 않았다. 하지만 난 친구들의 유혹에 빠지지 않고, 예상과는 다르게 열심히 무용학원에 다녔다. 먼저 시작한 친구들보다 유연성도 뒤떨어지고 실력도 많이 부족하다는 것을 실감하며 '이래서는 안 되겠다.'라는 생각에 학원 수업이 끝난 후에도 홀로 연습하였으며, 주말 및 방학 기간에도 온종일 무용학원에서 살다시피 했다. 열심히 하는 내 모습을 기특히 여긴 부모님의 적극적인 지지를 받으며 현대무용을 전공하게 됐다. 그 당시 현대무용 담당 선생님은 동아대 무용학과 출신이셨다. 그 시절, 사춘기 여중생 눈에 무용학과 선생님은 예쁘고 날씬했으며, 당당하고 멋있었다. 특히 수업 시간의 카리스마와 무대 위에서의 강렬한 포스에 매료되었다. 현대무용 선생님은 나의 동경의 대상이었다. 그렇게 현대무용 선생님의 매력에 빠져 작품을 받게 되었으며, 선생님과 함께 특훈에 들어갔다.

안되면 될 때까지 하는 고된 훈련으로 힘이 들었지만, 선생님과 함께하며 연습을 할 수 있는 시간이 즐겁기만 했다. 그리고 조금씩 실력이 향상되는 거울 속에 내 모습을 보며 '좀 더 열심히 해야지.'라며 스스로를 채찍질했다. 현대무용을 전공한 후 학교 대표로 여러 대회에 출전했다. 지역대회 및 전국대회에 출전하여 수상하게 되면서 학교 이름을 알리기도 했다. 현대무용의 매력에 점점 빠지게 된 나는 조금씩 성장하고 있었다. 현대무용을 전공하면서 진로를 예술고등학교로 정했다. 학교 수업 시간에 엎드려 잠만 자고, 소위 말하는 문제아 친구들과 어울리는 사고뭉치였던 나였다. 하지만, 예고 '진학'이라는 새로운 목표가 생기면서 달라지기로 마음먹었다. 놀기 좋아하던 예전과는 달리 무용학원을 하루도 거르지 않았으며, 하나라도 놓치지 않게 수업 시간에 집중했으며 더 이상 학교에서 소란을 피우지 않았다. 무용을 시작한 후 달라진 내 모습을 가장 반겨주는 이들은 친구들과 선생님이었다. 친구들은 열심히 노력하는 나를 진심으로 응원해주었으며, 선생님들 역시 아낌없는 칭찬과 격려를 해주셨다. 그렇게 나는 열여섯이라는 나이에 새로운 도전을 했다. 예고 진학이라는 목표를 설정하여 자신감을 가지고 최선을 다했다. 그 결과 당당히 울산예술 고등학교 무용학과에 진학할 수 있었다. 사춘기 여학생이었던 나는 조금은 서투르지만 한 걸음씩 나의 꿈으로 나아갔다.

#
잠들어 있는 도전의 DNA를 깨워라.
내가 어떻게 하느냐에 달려 있다고 믿을 때 동기화될 수 있으며,
자신이 원하는 목표에 도달하게 된다.

캠퍼스의 꿈이
좌절된 사춘기를 치유하다

꿈은 이루어지기 전까지는 꿈꾸는 사람을 가혹하게 다룬다.

- 윈스턴 처칠

◆ 캠퍼스 생활이 좌절된 사춘기를 보내다

한창 유별난 사춘기를 보내며 무용가의 부푼 꿈을 안고 고등학교에 진학했다. 진학해서도 학교생활에 적응하기까지 많은 일들이 있었다. 예술 고등학교의 특성상 예능을 전공한 친구들이 많았으며 중학교와는 다르게 울산 전 지역, 양산, 부산 등 다양한 지역에서 진학한 친구들이 많았다. 한창 혈기왕성한 또래의 친구들이 모이다 보니 사건 사고가 끊이지 않았다. 나 역시 친구들 사이에서 기죽지 않았기에 유별난 열일곱 사춘기를 보내고 있었다. 그렇게 토닥거리며 서로를 알아가고, 새로운 친구들을 알아갔다. 그러던 어느 날 학교를 마치고 귀가를 하니 엄마의 두 눈은 퉁퉁 부어있었다. 옆에 계신 조부모님의 표정에도 어두운 그림자가 드리워져 있었다. 왠지 모를 이상한 기운과 함께 집안 분위기가 어수선했다. 방으로 들어온 나는 어른들의 이야기를 귀 기울여 들으며 뭔가 잘못됐다는 것을 느꼈다. 아버지의 사업에 문제가 생긴 것이다. 결국 얼마 지나지 않아 우리 집은 결국 부도가 나고 말았다. 가족이 함께 거주하던 집의 생활용품, 가구 및 가전제품 등에는 TV 드라마에서 보던 빨간딱지가 여기 저기 붙었다. 가족들과 함께 수년간 머물던 보금자리였다. 어린 나이에 나는 '도대체 이게 무슨 일이지.'라는 생각이 들었다. 조부모님을 포함해 7명이라는 대식구였던 우리 가족은 하루아침에 길거리에 내몰리게 됐다. 햇살이 강렬했던 무더운 여름으로 기억한다. 우리 가족은 급하게 간단한 살림살이와 집기 비품들만 챙겨 도망치듯이 그 집을 이사 나왔다. 며칠 동안 겪었던 일들은 한창 예민한 사춘기 시절을 보내는 나에게 큰 충격이었다. 그 일로 인해 한동안 방황을 했다. 엄마에게는 학교에 간다며 집을 나와 예전의 함께 어울렸던 친구들과 다시 어울리기 시작했다. 그렇게 시간이 흐를수록 학교를 무단결석하는 일들이 많아졌다. 담임선생님과 친구들이 이 사실을 알고 도와주려 노력했지만, 단단하게 닫혀버린 마음은 끝내 열리지 않았다. 결국 학교를 자퇴하고 말았다. 멋진 무용수로서 캠퍼스 생활을 꿈꾸었던 나는 그렇게 첫 번째 좌절을 경험하게 됐다.

열일곱, 조금은 이른 나이에 사회생활을 시작해서 안 해본 일이 없었다. 커피숍, 호프, 레스토랑, 사무실 등 10대 후반의 여자아이가 할 수 있는 일은 그렇게 많지 않았다. 그래도 나에게는 사랑하는 가족들이 있었기에 닥치는 대로 일을 했다. 한 해 두 해가 지나 20살이 되어 D식품회사에 입사했다. D식품회사는 국내에서 유명한 커피회사였다. 내가 맡은 업무는 유통판촉업무로서 담당 지역 내 매장을 관리하며 매출 실적을 담당하는 일이었다. 유통판촉 일은 단순

아르바이트와는 달리 보수도 안정적이었으며 사람을 만나는 것을 좋아하는 외향적인 나에게 딱 맞는 일이었기에 업무에 만족하며 하루하루 경력을 쌓아가고 있었다. 2000년 전국적으로 대형마트 붐이 일면서 울산에도 하나둘 생기기 시작했다. 때마침 남구 지역에 L마트가 오픈하여 지원 근무를 나갔다. 그 당시에는 대형마트가 생소할 때라 오픈하기도 전에 사람들은 긴 줄을 서서 기다렸다. 특히 커피는 인기 상품 중 하나였으므로 오픈과 동시에 사람들은 몇 박스씩 대량으로 물건을 구매해갔다. 숨 돌릴 틈도 없이 상품을 진열하고 있었다. 갑자기 뒤에서 "혹시 민정이 아니야?"라며 누군가가 나를 부르는 소리가 들렸다. 순간 뒤를 돌아보니 고등학교 때 같은 반 친구였다. 친구는 청치마에 하얀 면티를 입고서 어여쁜 여대생의 모습을 하고 있었다. 반가운 마음에 이런저런 얘기를 주고받던 중, 그 친구는 내가 원하던 대학에 진학했다는 사실을 알게 됐다. 현재 학교에서 기숙사 생활을 하고 있으며, 방학기간이라 본가에 있다고 했다. 오늘은 부모님과 함께 대형마트 구경도 할 겸 쇼핑을 나왔다고 했다. 내가 진학하길 바라던 학교였기에 궁금한 마음에 학교생활에 대해 물었다. 친구는 표정에서도 느껴지듯 즐거운 캠퍼스 생활을 하고 있다고 했다. 한참을 친구와 함께 이야기를 나누고 헤어졌다. 정신없이 일한 상황이라 잠시 휴식도 취할 겸 직원 휴게실에 들렀다. 문을 열고 들어가니 바로 앞에 큰 전신 거울이 있었다. 고개를 들어 나의 모습을 보았다. 거울 속에 비친 내 모습은 몰골이 말이 아니었다. 조금 전 청치마와 하얀 면티를 입은 예쁜 여대생 친구와는 너무나 다른 모습이었다. 뿌얀 먼지를 가득 뒤집어쓴 작업복 차림으로 친구의 찰랑거리며 윤기 나는 긴 생머리와는 달리 나의 머리는 바쁜 업무에 이리저리 치여 노란 고무줄 하나로 질끈 묶여있었다. 게다가 양손에 빨간 면장갑까지 끼고 있는 내 모습은 누가 봐도 영락없는 막노동하는 노동자의 모습이었다. 거울 속의 내 모습을 보니 왠지 모르게 서글픈 생각이 들었다. 이렇게 내 모습이 초라하게 느껴지는 건 처음이었다.

퇴근하며 집으로 돌아오는 길에 이유 없이 눈물이 흘러내렸다. '이게 뭐야. 그 친구는 내가 그리도 원하던 학교에 진학해서 즐겁게 캠퍼스 생활을 하고 있는데… 나는 여기서 박스 나르는 막노동을 하고 있으니… 도대체 내가 왜 이러고 있어야 하는 거지?'라는 생각을 하니 이런 상황이 더 속상하고 화가 났다. 그러나 그것도 잠시 '가만 그러고 보니 내가 왜 부러워만 해야 되는 거지? 내가 왜?'라는 생각이 들었다. 문득 '이대로 있을 수는 없다.'라는 생각이 들었다. 집으로 돌아온 나는 지역 신문과 전단지를 샅샅이 살펴보며 검정고시 학원을 알아보았다. 다음날 관련 학원에 방문하여 담당자와 충분히 상의 후 학원을 등록했다. 낮에는 직장에서 일을 하고, 퇴근하면 곧장 학원으로 달려가 늦은 시간까지 공부를 했다. 학창 시절부터 공부에는 관심이 없었던 터라 도통 무슨 말인지 알 수가 없었지만, 그래도 포기할 수 없었다. 비싼 학원비도 학원비지만 꿈에 그리던 캠퍼스 생활을 포기할 수 없었기 때문이다. 뒤늦게 합류를 한 상태라 수업 진도를 따라가기가 어려웠다. 나름의 전략을 세워 과목을 분류했다. 점수를 낼 수 있는 자신 있는 과목 위주로 먼저 공부하고, 기초가 필요한 영·수 과목은 학원 수업을 충실히 들어 다음 기회를 노리기로 했다. '지성이면 감천'이라고 했던가? 나의 전략대로 1차 응시한 과목 모두 합격했다. 그리고 다음 해인 2001년 2월 고등학교 검정고시를 최종 합격했다. 마침내 고등학교 졸업장을 손에 쥐게 되었다. 드디어 꿈에 그리던 캠퍼스 생활을 할 수 있다는 즐거운 상상을 하며 나도 모르게 부푼 희망을 품었다. 시간이 지나 지금 생각해보니 그 친구에게 고맙다. 그때 당시 어린 마음에 친구가 너무 부러워 질투가 났다. 하지만, 그때의 에피소드가 없었다면 아마도 지금의 나는 없었을 것이다. 짐작컨대 배움의 길을 영원히 포기했을지도 모른다. 그렇게 친구와의 우연한 만남이 나에게 새로운 길을 열어주었고, 다시 한 번 용기를 내어 내 꿈에 한 걸음 다가갈 수 있었다.

#
터무니없는 꿈을 꿔라. 진짜 꿈은 누가 시키지 않아도 도전하는 것이다.
꿈은 성장이며 꿈꾸는 것에는 한계가 없다.

엄마의
꿈

어머니는 인류가 입술로 표현할 수 있는 가장 아름다운 단어이다.

— 카힐 지브란

◆ 그렇게 엄마가 되다

고등학교 검정고시 합격 후 또 다른 목표가 생겼다. '그래, 이제부터 내가 직접 돈을 벌어서 대학을 가야지.'라고 다짐하며 학비를 모으기 위해 열심히 직장 생활을 했다. 그러던 어느 날 극도의 피로감이 몰려왔다. 이유 없는 현기증과 메스꺼움으로 힘들어하고 있을 때 현재 딸아이를 임신한 사실을 알게 됐다. 내 나이 23살. 한창 꽃다운 나이. 예상치도 못한 임신 사실은 나에게 충격이었다. 그 당시 남자친구였던 아이 아빠와 헤어진 상태였으며, 대학에 가겠다는 목표가 있었기에 제대로 멋 한번 부리지 않고 학비를 모으기 위해 악착같이 직장 생활을 하고 있었다. 혹시나 뜻하지 않은 임신소식을 부모님이 알게 되면 충격 받으실까 봐 가족들에게도 말 한마디 못하고 혼자서 전전긍긍하며 가슴앓이를 하고 있었다. 너무 예민한 상황에 극도의 스트레스로 몸 상태가 안 좋아져 하혈로 인해 응급실을 가기도 수차례… 병원에서 유산의 위험이 있다며 입원을 권했다. 하지만 가족들도 모르는 상황이라 입원할 수가 없었다. 혼자서 감당하기에 너무 힘든 상황이었기에 아이 아빠를 만나 이야기했다. 그때 당시 대학 진학을 준비하고 있던 터라 예상하지 못한 임신 소식에 너무나 당황했으며 스트레스로 인해 몸이 좋지 않은 상태라 했다. 진지하게 나의 이야기를 듣던 아이 아빠는 대학은 아이가 태어난 후 진학해도 늦지 않다고 했다. 아이 아빠와 충분히 상의한 후 지금의 딸아이를 낳기로 결심했다. 문제는 부모님이었다. 예상치도 못한 딸의 임신 소식을 어떻게 전해야 하나 밤새 고민했다. 점점 더 시간을 지체할 수 없다는 생각에 용기를 내어 부모님께 말씀드렸다. 처음 얘기를 전해 들으신 부모님은 크게 놀라셨다. 하지만 이내 조용히 내 편을 들어주셨다. 그렇게 선물 같은 딸아이가 우리에게 오면서 가정을 이루게 되었다.

딸아이의 태명은 원래 '양양'이었다. 나도 양띠, 딸아이의 출산 예정일 역시 양띠 해였다. 우연히 둘 다 양띠라 태명을 '양양'으로 지은 것이다. 그런데 딸아이의 태명이 갑자기 '양말'로 바뀌어 버렸다. 2002년 12월 25일 크리스마스를 가족과 함께 즐거운 시간을 보내고 잠이 들었다. 새벽 2시경 잠을 자는 도중에 다리 사이로 뜨거운 무엇이 흐르는 느낌이 들어 깜짝 놀라 잠에서 깨었다. 양수가 터진 것이었다. 그때부터 조금씩 진통이 오기 시작했다. 진통의 주기가 점점 짧아지자 자고 있는 남편을 깨워 새벽 6시경 병원으로 달려갔다. 입원 절차를 마치고 병실에 들어서니 진통이 점점 심해지기 시작했다. 출산할 때의 고통은 인간이 느낄 수 있는 가장 극한의 고통이라고 했던가? 정말 '하늘이 노래진다는 것이 이런 거구나.'라는 생각이 들었다. 더 이상의 고통을 표현할 수 없을 정도로 정신없는 시간이 지났다. 2002년 12월 26일 오전 10시 5분! 우렁찬 울음소리와 함께 드디어 양말이가 세상에 태어났다. 작디작은 양말이를 가슴에 꼭 안았다. 양말이는 새까만 곱슬머리에 까만 두 눈동자로 나를 빤히 쳐다봤다. 그렇게 엄마가 되는 순간이었다.

여자가 일생을 살면서 제일 행복하고 축하를 많이 받을 때가 첫아이 임신했을 시기라고 한다. 사실, 난 첫 아이 임신했을 때가 심적으로나 육체적으로도 가장 힘들었던 시기였다. 지금 와서 생각하면 극도의 스트레스로 인해 위험한 고비를 몇 번이나 넘기고, 태교 한번 제대로 하지 못했다. 그럼에도 불구하고 건강하게 태어나 준 양말이는 잘 자라줬다. 어느덧 양말이라는 태명 대신 '권은'이라는 예쁜 이름도 갖게 되었다. 아이를 키우는 엄마들이라면 누구나 경험해 보듯, 신생아 시기에 밤낮이 바뀌어 꽤나 고생이었지만, 양말이는 시간이 지날수록 잘 먹고, 잘 자고, 잘 싸면서 무럭무럭 건강하게 자랐다. 하루가 다르게 자라는 아이와 달리 나는 조금씩 무너지고 있었다. 갑작스런 임신과 출산, 육아의 스트레스로 조금씩 지쳐가고 있었다. 하루는 남편이 퇴근하고 귀가하니 온 집안에 불을 꺼놓고 나 혼자 식탁에 앉아 울고 있었다고 한다. 깜짝 놀란 남편은 이런 내가 걱정되었는지, 친구들을 만나며 자기만의 시간을 가져보라고 했다. 그때 당시 내 나이 스물넷. 친구들은 한창 멋 부리고, 연애하며 즐거운 시간을 보내고 있을 시기였다. 출산 후 불어난 몸과 푸석푸석한 피부 그리고 엄마가 잠시라도 보이지 않으면 울어버리는 젖먹이 딸아이를 데리고 친구들을 만난다는 건 언감생심 말이 안 되는 일이었다. 자꾸만 무기력해지는 내 모습을 보며 나 역시 '이래서는 안 되겠다.'라는 생각이 들었다. 딸아이를 낮잠을 재운 뒤 인터넷을 검색을 했다. D카페에서 '울산 맘들의 모임'이라는 동호회를 알게 됐다. 맘까페는 한 달에 한 번 정기적인 모임과 함께 육아의 팁을 공유하는 엄마들의 놀이터였다. 딸아이와 함께 용기를 내어 카페에 가입했다. 비록 온라인상의 모임이지만 자라나는 아이들의 예쁜 사진도 올리고 생활도 공유하며 커뮤니티를 형성해 나갔다. 그렇게 조금씩 온라인 활동을 하며 친분을 쌓아갔다. 그리고 정기 모임이 있는 날 딸아이와 함께 참석했다. 집에서 엄마와 생활했던 딸아이는 새로운 친구들과 환경이 신기한지 울지도 않고 적응을 잘했다. 나 역시도 맛있는 음식을 먹으며, 엄마들과 함께 오랫동안 수다를 떨었다. 인터넷 까페에서 만난 맘들은 다 같이 육아를 하다 보니 공감되는 부분도 많았으며, 배울 점도 많았다. 대부분이 언니들로 막내인 나를 동생처럼 대해줬다. 우리는 주기적인 정기 모임과 번개 모임을 번갈아 가며 아이를 키우면서 힘들었던 점, 육아에 도움이 되는 점, 공동 구매 등 다양한 정보를 공유했다. 그렇게 카페에서 만난 소중한 인연들로 인해 조금씩 상처를 치유할 수 있었다.

#
세상에 부모가 되는 일보다 더 중요한 일은 없으며, 좋은 부모는 아이와 함께 성장하는 부모이다. 모자람을 채워가며, 넘치는 것을 덜어가며 그렇게 부모가 되었다.

꿈꾸는
세일즈

자신의 일을 재미없어하는 사람 중에 성공하는 사람은
찾아보기 힘들다.   - 데일 카네기

◆ 세일즈의 시작

세일즈를 시작하게 된 동기는 손아래 시누이의 부탁을 거절하지
못해서이다. 그때 당시 카페 활동을 하며 딸아이에 육아에 전념하고
있던 나에게 시누이는 D생명보험에 설계사 시험을 치면 일정의 교
통비를 지급하니, 아르바이트 삼아 한번 해보라고 권유했다. 처음에
는 딸아이가 돌을 막 지난 무렵이라 아이를 돌봐줄 돌봐줄 이가 없
다며 거절했다. 시누이는 기다렸다는 듯이 회사에 가면 어린이 집도
있으니 마음 놓고 해보라며 다시 한 번 권했다. '아이를 돌봐 준다
고? 마침 잘됐네. 온종일 집에만 있어서 지루했는데.'라는 생각으로
교육을 신청했다. 그때 내 나이 25살… 보험회사에서 교육받기에는
너무 어린 나이였다. 교육생 대부분 30대 후반에서 50대 중반의 중
년 여성들… 이모와 엄마 같은 분들이었다. 3주라는 시간은 쏜살같

이 지나 겨우 턱걸이로 설계사 시험을 합격했다. 다음날 소정의 교통비가 지급됐다. 생각지도 못한 공돈(?)이 생겨서 기분이 좋아진 나는 식구들을 초대하여 삼겹살 파티를 열었다. 외벌이로 아이를 키우며 빠듯하게 생활했기에 가족들과 외식 한 번 제대로 할 수 없었다. 맛있게 먹는 가족들의 모습을 보니 나도 모르게 마음이 짠해졌다. 시험을 치르고 며칠이 지나 담당 팀장님께서 함께 일해 볼 생각 없냐며 보험 설계사 일을 권했다. 2004년 그 당시만 해도 '보험은 나이 많은 아줌마들이 하는 일'이라는 이라고 생각했었다. 그리고 직장 생활을 하면서 보험 설계사의 권유로 적금 상품인 줄 알고 가입했는데, 해약하려고 보니 보험 상품이라 원금의 손실을 크게 본 적이 있었다. 그 일로 인해 적지 않은 금액을 손해 본 후라 보험에 관하여 좋지 않은 기억이 남아있었다. 또한 그때 당시 나이도 젊고, 건강에 자신이 있어 결정적으로 보험의 필요성을 느끼지 못했다. 여러 가지 이유로 완강한 거절 의사를 밝히자 팀장님은 그럼 교육만(?) 받아달라고 부탁했다. 몇 번을 거절했지만, '한번 만'이라는 시누이의 부탁에 어쩔 수없이 승낙하게 되었다.

다음날 아침 처음으로 딸아이를 어린이집에 보냈다. 신기하게도 딸아이는 울지도 않고 나에게 '엄마, 빠빠이.'를 외쳤다. 딸아이를 어린이집에 데려다준 후 지각하지 않으려고 열심히 뛰었다. 교육장에 들어서는 순간부터 나는 자유였다. 실로 오랜만에 느껴보는 기분 좋은 순간이었다. 다양한 연령대의 분들과 함께 하는 교육과정은 예상 외로 재미있었다. 입문 교육을 받으며 보험 상품은 단순히 판매 목적이 아니라 사랑하는 가족을 위한 배려이며, 나의 노후를 보장해주는 든든한 보호막이라는 사실을 알게 됐다. 또한, 그동안 보험에 대해 내가 모르고 있는 부분과 잘못 알고 있는 사실이 많다는 것을 알게 되었으며 결정적으로 그때 당시 외벌이였던 남편의 한 달 급여와 맞먹는 파격적인 등록 수당이 나에게는 너무 매력적으로 다가왔다. 문제는 '신입 등록'이었다. 보험회사의 특성상 설계사 등록 교육을 받으면 이론 교육과 함께 소위 말하는 '환산'이라는 점수를 맞춰야 했는데 이것을 '등록'이라고 했다. 한 달 동안 열심히 교육을 받고도 계약을 통한 '등록'을 하지 못하면 교육 수당이 지급되지 않았다. 20대 초·중반인 친구들은 자신들의 외모에 투자하기 바빠서 보험에는 도통 관심이 없었다. 혹시나 아는 지인들에게 보험회사 교육을 받는 중이라 하면 부담이 될까 봐 말도 못 하고 혼자서 전전긍긍 가슴앓이를 하고 있었다. '연로하신 친정엄마한테 어린 딸아이까지 맡기고 한 달 동안 열심히 교육받았는데, 등록도 못 하면 어떡하지…'라는 생각에 더욱 불안해졌다. 시댁은 이미 시누가 먼저 보험 설계사 일을 시작한 뒤라 말도 꺼낼 수 없는 상황이었다. 아버지는 어린 나이에 아이까지 맡기고 보험회사 다닌다며 노발대발하셨다. 보험에 '보'자도 모르는 초보자인 내가 기댈 곳은 형제뿐이었다.

미우나 고우나 내 형제가 최고라고, 마지막 히든카드는 나의 언니와 동생이었다. 순둥이인 남동생과는 달리 두 살 터울인 언니는 서로 만나기만 하면 으르렁거리고, 뒤돌아서면 금방 풀리는 사이였다. 용기를 내어 동생에게 전화를 걸었다. 나의 얘기를 전해들은 동생은 그렇지 않아도 보험 하나 없어 걱정이었으며, 직장 생활이 안정기에 접어들게 되면서 보험을 준비하려는 중이라고 하였다. 이번 기회에 누나가 설계사 일을 시작했으니 알아서 잘 설계해달라고 했다. 든든한 동생의 말 한마디에 '역시 내 동생이야.'라는 생각이 절로 들었다.

아직은 실력이 미흡한지라 담당 사수에게 컨설팅을 부탁드렸다. 나름 열심히 준비한 자료를 챙겨서 한걸음에 달려갔다. 처음으로 동생에게 청약서에 자필 서명을 받고 돌아오는 발걸음은 너무나 가벼웠다. "그래, 바로 이거야."라며 세상없는 자신감이 생겼다. 그다음 목표는 언니였다. 동생처럼 가족이니 당연히 가입해 주겠지… 라는 안일한 생각으로 언니의 의사는 물어보지도 않고 서너 개의 서류와 함께 청약서까지 준비하여 찾아갔다. 일찍 결혼해 아이 엄마인 평범한 나와 달리, 언니는 영어학원의 프리랜서 강사로 멋진 인생을 즐기는 '까도-녀'(까칠한 도시여자)였다. 언니는 대뜸 나를 보자마자 "너 나한테 보험 가입하러 왔지?"라면서, "야, 어디 가서 내 동생이라 하지 마라. 나이도 어린 여동생이 보험회사 다닌다고 하면 창피하다."라고 말하는 것이 아닌가. '쿵'하고 심하게 머리를 한 대 맞은 기분이었다. 실로 말할 수 없는 큰 충격이었다. 보험회사 다닌다는 동생이 창피하다는 말에 대꾸 한마디 못하고 뒤돌아서서 나왔다. 나도 모르게 두 눈에서 눈물이 흘러내렸다. "두고 봐라, 반드시 내가 보라는 듯이 세일즈로 성공하고 말 테다. 앞으로 내가 언니한테 보험 가입해 달라고 말을 하면 내가 진짜 성을 간다."라며 첫 번째 독기(?)를 품었다.

지성이면 감천이라고 했던가? 월말 등록 마감 당일 평소 가깝게 지내던 지인으로부터 연락이 왔다. 내가 보험회사 교육을 받고 있다는 소식을 전해들었다고 했다. 마침 둘째를 가져 태아보험이 필요하고, 자신도 보험이 하나도 없다며 이번 기회에 나에게 가입을 하고 싶다는 것이다. "이게 무슨 일이지?"라는 생각이 들었다. 그때 당시 입문 교육 담당자는 마지막까지 등록을 못 하는 나를 눈 안에 가시 같은 존재로 생각하는 듯했다. 교육자들이 등록 신청을 해놓고 낙오가 되면 본인 인사에 지대한 영향을 미치기 때문이었다. 등록 기간 내내 "민정씨 할 수 있겠어요?", "민정씨 나이가 너무 어린데 진짜 괜찮겠어요? 지금이라도 포기하는 게 어때요."라고 했다. 친정 엄마에게 딸아이까지 맡기고 한 달을 열심히 했는데, 여기서 포기할 수 없었다. '두고 봐라, 내가 보란 듯이 등록하고 만다.' 그렇게 또 한 번 독기(?)를 품었다. 2004년 4월 결국 우리 기수 교육생 중에서 제일 마지막 턱걸이로, 교육 담당자의 애간장을 태우며 어렵게 첫 설계사 등록을 마칠 수 있었다.

1년이라는 시간이 지나, 까칠한 언니는 나의 가장 든든한 조력자가 되어주었으며, 교육 담당자가 지켜보는 가운데 신인들을 대상으로 멋진 강연을 선보일 수 있었다.

사실 난 머리가 좋지도, 잘나지도, 잘하는 것도 없다. 하지만 끝까지 포기하지 않는 법을 배웠다. 힘들어서 포기하고 싶을 때는 당신이 품었던 처음 목표를 떠올려라.

서른의
꿈

> 진정한 발견이란, 새로운 땅을 찾아 나서는 것이 아니라 새로운 눈으로 주위를 보기 시작하는 것이다. － 마르쉘 프루스트

◆ 뒤늦은 공부를 시작하다

아버지의 장례를 치르며 더 이상 꿈을 미룰 수가 없다는 생각에 그다음 해인 2008년 울산과학 전문대학교 사회복지과에 진학했다. 딸아이도 어느덧 훌쩍 자라 초등학교에 입학하였다. 그때 당시 아이의 학교생활 및 직장 생활을 하며 학업을 병행해야 했기에 야간 대학을 선택했다. 대학에 입학하기 전 남편에게 세 가지를 약속했다. 첫째, 아이의 학교생활에 지장 없도록 하겠다. 둘째, 절대 힘들다고 투정 부리지 않겠다. 셋째, 등록금은 내가 벌어서 충당하겠다. 학업에 대한 열정을 누구보다 잘 알고 있었던 남편이기에 마지못해 승낙해줬다. 그렇게 우여곡절 끝에 08학번이 되었다. 또래 친구들은 98학번인데 나는 08학번이라니… 착잡한 기분이 들었지만 한 편으로는 '그래, 지금이라도 늦지 않았어.'라며 스스로를 위로했다. 대학 진학

후 2년이라는 시간 동안 매일 아침은 전쟁이었다. 등교 시간에 맞춰 아이를 학교에 데려다준 후, 곧바로 출근했다. 어김없이 오후 5시가 되면 업무를 마무리하고 귀가하여 아이의 간식과 저녁상을 준비해 놓았다. 그리고 부리나케 학교로 달려가 10시 반까지 수업을 들었다. 직장에서는 워킹맘으로서, 가정에서는 한 아이의 엄마, 한 남자의 아내로서 그리고 학교에서는 학생으로서 다양한 역할이 주어졌다. 주 5일 저녁 7시부터 10시 반까지 진행되는 수업 일정은 너무나 타이트했지만 그토록 바래 왔던 캠퍼스 생활이었기에 힘이 드는 줄도 모르게 한 학기가 지나갔다. 하루는 수업을 듣던 중 너무 피곤한 나머지 깜빡 잠이 들었다. 순간 놀라 잠에서 깨어보니 눈앞에 펼쳐진 상황은 너무 안타까웠다. 만학도로 가득 채워진 좁디좁은 강의실은 맨 앞줄의 몇몇 학생을 제외하고는 대부분 졸고 있었다. 나 역시 피곤함을 참지 못해 잠시 졸고 있었던 상황이라 같은 공간에 있는 원우들을 동병상련의 안타까운 마음으로 둘러봤다. 그러다 문득 이런 생각이 들었다. '여기 이 자리에 있는 학생들⋯ 다들 여기까지 힘들게 온 사람들인데 졸음을 느낄 수 없을 정도로 재미있게 강의할 방법이 없을까?' 불현 듯 '더도 말고 덜도 말고 10년 후에 내가 저 자리에 서서 한 사람이라도 더 수업에 집중할 수 있도록 재미있는 강의를 해봐야지.'라고 생각했다. 사실 그때 내가 왜 그런 생각이 들었는지 아직도 의문이다. 갑자기 그런 생각이 들었다.

학교라는 장소에서 배움이라는 같은 뜻을 가진 사람들이 모여 서로의 힘든 점을 공감하고 서로를 격려하다 보니 어느덧 2년이라는 시간이 흘러 졸업을 앞두고 있었다. 나에게는 2년이라는 시간이 꽤 힘든 시간이었지만 그만큼 보람도 있었기에 졸업을 앞두고 공허한 마음이 들었다. 쉬는 시간 친구들과 이야기를 나누던 중 우연히 울산 性문화센터의 '성교육 전문 강사'모집 광고포스터를 발견했다. 그 당시 조두순 사건으로 전국이 떠들썩했다. 어린아이를 대상으로 한 범행은 충격 그 자체였으며 딸을 가진 부모로서 남의 일처럼 느껴지지 않았다. 딸아이 역시 초등학교 저학년이었으며, 마침 학교 수업도 마무리되어 가고 있었다. 학교를 졸업하게 되면 앞으로 시간도 충분하니, 딸아이에게 성교육이나 가르쳐야겠다는 생각에 성교육 전문 강사 과정을 신청하게 되었다. 성교육 강의는 흥미로웠다. 가정을 이루고, 아이까지 키우고 있었던 터라 성에 대해서 잘 알고 있다고 생각했다. 하지만 내가 알고 있는 성보다 모르는 성이 더 많았으며, 성에 대한 편견과 고정관념에 빠져 있다는 것을 깨닫게 되었다. PPT 준비에서부터 시연, 실습 등 다양한 교육 프로그램을 통하여 체계적으로 트레이닝을 받았다. 해당 교육 프로그램을 이수하게 되면 유치원. 초·중·고 대학 등을 방문하여 학생들을 대상으로 성교육 강의를 진행했다. 성교육 트레이닝을 받으며 난생처음 직접 PPT 자료도 직접 만들어보며 선생님들과 함께 연습했다. 전문지식으로 공부를 해야 할 부분도 많았으며, 준비 시간 역시 오래 걸렸지만 과제를 하나하나 준비해나가는 과정은 너무나 즐거웠다. 그렇게 열심히 준비한 과제를 수업 시간 동안 선생님들 앞에서 시연했다. 각자 발표가 끝나면 선생님들의 피드백을 통해 강의 자료를 수정하고. 또다시 연습하며 실전 경험을 쌓아갔다. 이 교육 과정을 통해 평생 잊지 못할 소중한 분을 알게 되었는데 그분은 바로 나의 멘토이신 이상희 선생님이시다. 울산성문화센터에서 강의 트레이닝을 받고, 성교육 과정을 이수하게 되면서 멘토 선생님은 나에게 강의라는 새로운 꿈을 꾸게 해주신 고마운 분이시다.

하루는 시연을 지켜보신 멘토 선생님께서 "민정 쌤에게는 특별한 달란트가 있는 것 같습니다. 민정 쌤의 목소리에는 사람을 집중시키는 힘이 있어요. 그건 노력해서 될 수도 있지만, 민정 쌤 같은 경우는 타고난 달란트이니 썩히지 말고 그 능력을 최대한 발휘해보세요."라고 말씀하셨다. 교육을 마치고 집에 돌아와 곰곰이 생각해 보았다. '달란트? 그게 뭐지?' 사실 그때까지만 해도 '달란트'의 의미도 몰랐다. 인터넷 검색을 해보니 '달란트'는 바로 '재능'이었다. 시간을 거슬러 유년 시절을 떠올려봤다. 초등학교 시절 선생님이 지목하여 아이들에게 책을 읽게 하는 시간이었다. 우연히 내가 지목되어 책을 읽은 후 자리에 앉았다. 잠시 생각에 잠기셨던 선생님께서 말씀하시기를 "목소리가 아주 시원시원하구나."라고 말씀하셨다. 그렇게 선생님의 권유로 합창부에 들어가게 되었고, 교내 행사에 합창부 활동을 하며 유년 시절을 보냈다. '나에게도 이런 특별한 재능이 있었다고?' 멘토 선생님의 '달란트'라는 말씀 한마디로 인해 나라는 사람을 다시 바라보게 되었다. 스스로도 몰랐던 특별한 재능을 발견한 뒤로 조금씩 자신감이 생겼다.

#
재능은 우연히 발견된다. 자신의 재능을 숨기지 마라.
재능은 쓰기 위해 자신에게 주어진 것이다.

강의,
새로운 꿈을 꾸다

사람들이 꿈을 이루지 못하는 이유는 그들의 생각을 바꾸지 않고
결과를 바꾸고 싶어 하기 때문이다.　　　　　　　　 - 존 쿳시

◆ 실행이 답이다

초·중·고등학교에서 수업하게 되면서 강의라는 직업의 매력에
점점 빠져들게 되었다. 직장 생활과 병행하며 틈틈이 학교를 찾아가
아이들에게 성교육 강의를 했다. 시간이 지날수록 아이들에게 좀 더
다양한 지식을 전달하고 소통하는 방법을 공부하고 싶다는 생각이
들었다. 우연히 성교육센터에서 알게 된 선생님과 함께 점심을 먹게
되었다. 점심을 먹으며 서로의 강의 활동에 대해 이야기를 나눴다.
대화를 통해 필자는 앞으로 강의를 계속 할 예정이며, 이를 위해 좀
더 깊이 있는 전문지식을 쌓고 싶다고 했다. 이야기를 듣고 계시던
선생님은 "민정 쌤, 그러면 방송통신대학교에 편입해 보세요."라며
학사 편입을 권했다. 선생님 역시 한국방송통신대학교에 진학하여
현재 공부하고 있으며, 한국방송통신대학은 직장인과 주부 등 다양

한 사회인이 학업을 위해 진학하는 곳이라고 했다. 학기 중 온라인으로 수업이 진행되며, 정해진 수업일, 중간고사 및 기말고사 시험 기간 동안에만 대면수업이 진행된다고 했다. 이러한 학과과정을 통해 관련 수업과 학점을 이수하게 되면 학사 졸업장을 취득할 수 있었다. 선생님은 나에게 전문학사 졸업을 앞두고 있으니 관련학과인 청소년 교육학과 3학년으로 편입이 가능하다는 정보를 알려주었다. 순간 '한국방송통신대학 편입이라고? 이런 방법이 있었어?' 하고 귀가 솔깃해졌다. 집으로 돌아와 학교에 대한 정보를 검색해 보았다. 한국방송통신대학교는 일반적으로 알고 있는 '방통대'로 배움을 원하는 이들 누구에게나 제공되는 원격교육 시스템을 갖추고 고등교육의 기회를 제공하였다. '매일 학교에 가서 수업을 듣지 않아도 된다는 말이지?' 왠지 모를 자신감이 생겼다. 편입에 관하여 멘토 선생님께 상의를 드렸다. 멘토 선생님께서는 현명한 판단이라고 격려해 주시며, 편입에 대한 정보를 알려주셨다. 나 역시 틈나는 대로 학교 홈페이지 및 관련 학과 카페 등을 찾아 편입 과정에 대한 정보를 수집했다. 그렇게 관련 서류를 준비한 후 한국방송통신대학에 편입 지원서를 접수했다. 사실 편입을 지원하면서도 합격에 대한 자신이 없었다. 관련 학과인 청소년 교육학과가 인기 학과인지라 경쟁이 매우 치열하였기 때문이다. 하지만 도전해보지도 않고 포기할 수 없었다. 마음을 비우고 '떨어져도 어쩔 수 없지.'라는 생각으로 편입을 지원했다. 어느 날 딩동 하는 문자 알림이 울렸다. 아무 생각 없이 문자를 확인 순간 깜짝 놀라고 말았다. 이게 웬일인가? "강민정 님의 한국방송통신대학 편입 합격을 축하합니다."라는 합격 메시지를 받은 것이다. 2010년 우여곡절 끝에 한국방송통신대학 청소년 교육학과 3학년으로 편입할 수 있었다.

　누가 방송통신대학이 편하다고 했던가? 방송대 편입 후 2년 동안은 정말 전쟁이었다. 직장에서의 팀장 역할, 가정에서의 엄마와 아내 역할, 며느리와 딸 역할 등등 나에게 많은 역할들이 주어졌다. 틈틈이 시간을 내어 원격 강의를 들으며 수업 진도를 따라가야 했으며, 주말이면 학과 스터디 모임에 참석하여 수업 정보를 공유했다. 중간, 기말시험 기간에는 쪽잠을 자가며 시험공부를 해야만 했다. 그렇게 시간이 흘러 마지막 관문인 학사 논문을 패스하게 되면서 드디어 학사 졸업을 할 수 있었다. 정말 눈코 뜰 새 없이 2년이라는 시간이 총알같이 지나갔다. 졸업을 앞두고, 편입 기간 동안 많은 도움을 주신 멘토 선생님께 감사의 의미로 식사를 대접해야겠다는 생각에 전화를 드렸다. "상희 쌤 덕분에 학사 졸업을 무사히 마칠 수 있었습니다. 그동안 많은 도움을 주셔서 감사합니다."라고 인사를 드렸다. 전화기 넘어 멘토 선생님께서 "민정 쌤, 축하드립니다. 그동안 정말 수고 많았어요. 민정 쌤의 노고를 누구보다 더 잘 알기에 더욱 귀한 졸업장입니다. 제가 더 기분이 좋습니다."라고 말씀하시며 함께 기뻐해 주셨다. 다음날 멘토 선생님과 함께 점심을 먹으며 그동안에 있었던 이런저런 이야기를 나눴다. 그리고 잠시 후 멘토 선생님께서 향후 앞으로의 계획을 조용히 물으셨다. 나는 잠시 숨을 고른 후 "지난 4년이라는 시간 동안 사실 너무 힘이 들었습니다. 학사 졸업도 했으니 이제는 잠시 쉬면서 일에 전념하고 싶습니다."라고 솔직한 심정을 멘토 선생님께 말씀드렸다. 조용히 듣고 계시던 멘토 선생님께서 눈을 마주치며 말씀하셨다. "민정 쌤, 무슨 일이든 시기라는 게 있습니다. 민정 쌤에게는 지금이 그 시기인 것 같습니다. 여기서 멈추지 마시고 석사 과정에 입문하세요." 깜짝 놀라 "상희 쌤, 저는 그렇게 똑똑하지도, 영리하지도 않습니다. 저에게 석사 과정은 무리입니다."라고 말하며 손사래를 쳤다. 놀란 나의 반응이 재미있으셨는지 멘토 선생님께서는 조용히 웃으시며 "민정 쌤, 충분히 할 수 있습니다. 민정 쌤의 배움에 대한 의지와 열정만 있으면 충분합니다." 그리고 석사 과정은 자신의 전공 분야를 좀 더 깊이 들어가는 학문 과정으로 학사와는 다르다고 하셨다. 식사를 마치고 돌아오는 길에 곰곰이 생각해 보았다. '내가 석사 과정을? 말도 안 돼….'라는 생각이 들었다. 그런데 머릿속의 생각과는 다르게 이미 몸은 컴퓨터 앞에서 석사 과정을 검색하고 있었다. 아니, 울산대학교 경영대학원 학과 지원서를 작성하고 있었다.

\#
  노력은 인연을 더욱 깊게 만들며, 우연을 붙잡아 행운을 만든다.
  그렇게 우연이 만든 인연이 나에게 새로운 길을 열어주었다.

CHAPTER 2

성격이
운명이다

조직의 성격을 알면
성공이 보인다

조직을 승리로 이끄는 힘의 25%는 실력이고,
나머지 75%는 팀워크이다.   - 딕 버메일

◆ 함께하는 조직

2012년 한국방송통신대학교를 졸업하고 울산대학교 경영대학원
MBA석사 과정을 진학했다. 석사 과정 중 처음으로 팀장 역할을 맡
게 되었다. 한참 학업과 세일즈를 병행하며 정신없는 시간을 보내고
있을 무렵 새로운 팀의 팀장을 맡게 된 것이다. 3팀은 최연소 팀장
인 나를 포함하여 총 7명의 소수 인원으로, 40대 초반에서 60대 초
반의 다양한 연령대로 구성된 신생팀이었다. 이모와 엄마뻘로 구성
된 팀원 중 제일 막내였으며, 팀원 중에는 각 입사한 신입 사원부터
20년의 경력을 내세우는 베테랑인 선배님도 계셨다. 처음으로 팀장
역할을 맡게 된 나는 어깨가 무거웠다. 게다가 최연소 팀장이라는
타이틀은 적지 않은 부담감을 안겨줬다. 오랜 고민 끝에 '그래, 어쨌
든 나에게 팀장이라는 역할이 주어졌으니 어디 한번 최선을 다해보

자.'라고 결심했다. 머릿속은 오직 '어떻게 하면 한 명의 낙오자도 없이 이 팀을 이끌어나갈까?'라는 생각뿐이었다. 고심 끝에 우선 팀 회의를 진행했다.

팀원들을 불러 모은 후 가장 먼저 자기소개를 했다. "반갑습니다. 앞으로 팀을 이끌어 나갈 강민정입니다. 아시다시피 처음으로 팀장을 맡은 초보 팀장입니다. 아직은 팀장으로서의 역량이 많이 부족하므로 이 자리에 계신 여러분들이 많이 도와주십시오."라며 인사를 했다. 그리고 "제가 이 자리에서 여러분께 두 가지 약속을 하겠습니다. 첫 번째 약속은 딱 1년만 저를 믿고 따라와 주시면 본인이 받고 싶은 급여를 반드시 받게 해드리겠습니다." 팀원들은 놀란 표정으로 다들 쳐다봤다. 팀원들에게 포스트잇을 하나씩 나눠주며 다시 말했다. "제가 지금 나눠드린 메모지에 1년 후 본인이 받고 싶은 급여와 함께 이루고 싶은 소망을 하나씩 적어보십시오." 라는 나의 말에 팀원들은 의아해하는 표정으로 메모지를 조금씩 채워나갔다. 팀원들의 포스트잇이 채워진 걸 확인 후, "앞으로 팀장으로서 팀원들에게 도움이 되고자 최선을 다하겠습니다. 저의 첫 번째 부탁은 앞으로 출근과 귀소는 꼭 챙겨주십시오." 라고 말했다. 팀원들은 자유로운 출퇴근에 익숙해져 있는 상황이라 매일 출근 및 귀소를 챙기라는 나의 말이 부담스러운 듯 살짝 인상을 찌푸렸다. 나는 다시 "지금부터 저를 믿고 따라와 주시면, 더도 말고 덜도 말고 정확히 1년 후 작성한 급여를 팀장인 제가 책임지고 받을 수 있도록 해드리겠습니다."라고 말했다. 팀원들은 믿지 못하겠다는 표정을 지었다. 나는 아랑곳하지 않고 다시 말했다.

"두 번째 부탁으로, 저에게는 특별한 꿈이 있으니 그 꿈을 이룰 수 있도록 여러분들이 저를 좀 도와주십시오."라는 말에 팀원들은 당황한 표정으로 일제히 나를 쳐다보았다. "현재 저에게는 열 살 된 어린 딸아이가 있으며, 대학 강단에 서서 강의를 하고 싶은 '꿈'이 있습니다. 그래서 현재 대학원 석사 과정을 다니고 있습니다. 여기 계시는 팀원들께서도 육아와 직장을 병행한다는 것이 쉽지 않다는 것을 공감하실 것입니다."라고 말하자 팀원들은 모두 공감하는 듯 고개를 끄덕였다. "지금까지 5년이라는 시간동안 꿈을 좇아 여기까지 왔습니다. 저에게는 너무나 소중한 꿈이기에 앞으로도 포기할 수 없습니다. 그 꿈을 이루기 위해서 여러 분들의 도움이 절실히 필요합니다. 그러니 저를 좀 도와주십시오."라며 진심으로 부탁했다. "그리고 여기는 엄연한 직장입니다. 직장은 주요 업무를 하는 곳으로 내가 일하는 만큼 급여를 제공받는 조직입니다. 우리가 소속된 3팀 역시 하나의 조직입니다. 조직은 절대 혼자 굴러갈 수 없습니다. 조직은 작은 어울림 속에 이루어지며, 서로가 함께할 때 힘이 납니다. 비록 지금은 7명의 작은 신생팀이지만, 앞으로 얼마나 성장할 수 있을지는 여러분의 손에 달려 있습니다."라고 말했다. 나의 이야기를 들은 팀원들은 사뭇 진지한 표정으로 고개를 끄덕였다.

다시 한 번 "앞으로 여기 계시는 팀원들 모두 매일 출근 후 사무실로 귀소 해주십시오. 그리고 퇴근 시까지 모든 활동을 저에게 보고해 주신다면 팀장으로서 여러분께 모든 지원을 아낌없이 해드리겠습니다."라고 약속했다. 마지막으로 팀원들에게 요구사항 및 개선할 부분이 무엇인지 파악했다. 팀원들의 요구사항은 상품교육 및 동반 활동에 따른 지원이었다. 나는 다시 팀원들에게 최선을 다해 도와줄 것을 약속했다. 그리고 단 한 가지, 학업으로 인해 학교 수업이 있는 날에는 업무 활동을 도와주기가 어렵다고 했다. 단, 수업이 없는 날에는 얼마든지 도와줄 테니 적극적으로 팀장을 활용하라고 했다. 진심이 통했는지 팀원들은 흔쾌히 두 가지 부탁을 승낙해줬다.

#
조직은 혼자 있는 곳이 아니다. 조직의 화합은 상대를 인정하는 것으로부터 시작되며, 조직의 진정한 원동력은 팀원들의 화합이다.

지피지기 백전불태
(知彼知己 百戰不殆)

적을 알고 나를 알면 백번 싸우더라도 위태롭지 않다.

－ 손자병법(孫子兵法)

◆ 최강의 팀으로

그 시절 나는 멘토 선생님의 권유로 MBTI를 공부를 하고 있었다. MBTI는 무의식 속에서 개인이 선호하는 성격특성 파악을 통해 타인과의 행동 관계를 이해하도록 돕는 하나의 심리검사 도구이다. MBTI는 개인 및 조직 이해를 돕기 위한 성격유형지표로서 전 세계적으로 가장 많이 활용되고 있는 심리검사이다. MBTI 검사지 사용 및 관련 강의를 하기 위해 정해진 교육기관의 교육과정을 이수해야만 한다. 이는 초급-보수-중급-어린이 및 청소년(MMTIC)-적용 프로그램(세 가지)-전문 강사 과정으로 까다로운 이수 과정을 반드시 거쳐야 했다. 한창 MBTI의 매력에 빠져 심리 공부를 하던 상황이라 팀원들에게 직접 활용해 보기로 했다. 팀 회의 자리에서 팀원들에게 MBTI에 관해 설명했다. MBTI는 현재 내가 공부하고 있는 학문 분야로 팀원들에게 적용하면 영업 활동에 있어 많은 도움이 될 것이라 설명했다. 팀원 한 명 한 명에게 동의를 구한 후 MBTI 검사를 시행했다. 검사지 사용법을 하나씩 설명해주며 팀원들이 편안한 마음으로 검사에 임할 수 있도록 했다. 30여 분의 시간이 지나 팀원들 모두 검사를 완료 후 자가 채점 방식으로 팀원들 스스로의 성격유형을 알 수 있도록 안내했다. 그리고 팀원 개개인의 성격특성을 상세히 설명해주며, 영업 활동에 도움이 될 수 있도록 성격유형에 따른 솔루션을 제공해줬다. 팀원들 모두 검사 결과에 만족해하였다.

나는 팀원들 개개인의 성격특성을 메모해 두었다가 개인 면담을 하거나 동반 활동 시 참고했다. 그리고 매일 아침 팀 회의 시 티 타임을 가지며 D생명 보험사의 경험을 토대로 생명보험 상품 교육을 실시했다. 먼저 생명보험과 손해보험의 보장 분석을 통해 나만의 영업 노하우인 리모델링 방법을 공유했다. 상품교육이 끝나면 팀원들에게 미션이 주어졌다. 미션은 고객과의 신뢰를 바탕으로 증권을 회수해오는 것이었다. 회수해 온 증권을 보장분석 후 다양한 피드백을 통해 팀원들의 컨설팅 능력을 향상해 나갔다. 지금까지 친분을 통해 한두 건씩 계약을 했던 팀원들은 전문적인 계약 체결 방식을 어려워했다. 하지만 그것도 잠시! 시간이 지날수록 팀원들의 실력은 향상됐다. 팀원들은 서두르지 않고 고객과의 신뢰를 쌓은 후 눈높이에 맞는 맞춤 컨설팅을 실시하였다. 그 결과 개인영업 실적은 물론, 상당수의 고액 계약을 체결할 수 있었다. 팀원들의 급여가 오르기 시작했고, 자신감이 생긴 팀원들은 더욱 열심히 영업 활동을 했다.

세일즈의 꽃은 리쿠르팅이다. 리쿠르팅은 새로운 신입 사원을 확보하는 업무이다. 보험 세일즈의 특성상 조직의 규모가 매우 중요하다. 조직을 키우기 위해서는 매달 리쿠르팅이라는 작업을 통해 신입 사원을 발굴하여 일정한 트레이닝기간을 거쳐 신인이 정착할 수 있도록 해야 한다. 세일즈라는 업무의 특성상 매달 실적을 올려야 하는 부담감과 함께 아무것도 모르는 신입을 정착시키는 작업은 많은 희생과 책임감이 따르는 일이었다. '차라리 그 시간에 내 영업을 더 하자.'라는 생각으로 대부분의 설계사는 리쿠르팅 작업을 꺼려했다. 하지만 우리 팀은 달랐다. 매주 팀 회의를 통해 개인과 조직의 성장을 위해 리쿠르팅의 필요성을 각인시켰다. 매달 팀원들에게 한 명의 후보자를 선정하게 하고, 대상자가 선정되면 나와 함께 집중 관리에 들어갔다. 담당 팀원들에게 TA(Telephone Approach)작업를 통해 후보자와 신뢰를 쌓도록 했다. TA작업은 고객에게 전화 안부를 묻는 업무로 한 주가 시작되는 매주 월요일 후보자와 직접 통화를 통해 점심약속을 잡을 수 있도록 했다. 약속 장소와 시간이 정해지면 담당 팀원을 통해 후보자의 사전 정보를 미리 파악했다. 그렇게 만반의 준비를 마친 후 팀원과 함께 식사 자리에 동반했다. 장소는 팀원들의 고객들이 운영하는 식당과 카페 위주로 정했으며 방문할 때는 반드시 작은 선물을 준비했다. 팀원과 함께 식사 자리에 동반하면 대부분의 리쿠르팅 후보자들은 '팀장이 왜 이렇게 젊지?'라는 표정을 지으며 의아해했다. 그러면 팀원들이 눈치껏 "우리 팀장님은 본부에서 최연소 팀장이야"라며 나를 소개했다. 처음에는 너무 어린 팀장이라 믿음이 가지 않았다고 했다. 하지만 카리스마 있는 모습으로 자기를 믿고 따라오면 원하는 급여를 받게 해준다하여 믿고 따랐더니 정말 급여가 올랐다고 했다. 지금은 팀장인 나를 전적으로 믿는다고 했다.

팀원들의 적극적인 지지로 자연스럽게 후보자와 라포(rapport)를 형성해나갈 수 있었다. 후보자 대부분은 30~50대 주부들이었다. 다들 한 가정의 아내이자 엄마로서 각자의 자리에서 열심히 살아가는 이들이었다. 대부분의 후보자들은 결혼 전 직장 생활을 하다 인생의 반려자를 만나 가정을 이루게 되었으며, 첫째 또는 둘째 아이의 출산으로 현재 육아에 전념하고 있었다. 시간이 지나 아이들이 무럭무럭 자라 하나둘 어린이집에 다니기 시작하면서 엄마들에게 조금의 시간적 여유가 생기게 된다. 건강하게 쑥쑥 자라는 아이들을 바라보며 행복을 느낄 때도 있지만, 한편으로 마음 한구석에는 점점 늘어나는 생활비와 교육비의 부담을 조금씩 느끼고 있을 시기였다. 다들 결혼 전에는 괜찮은 직장을 다니며 자신에게도 투자하는 멋진 커리어 우먼의 삶을 살았을 것이다. 하지만 결혼과 함께 찾아온 임신과 출산, 그리고 독박 육아로 인해 몸과 마음은 점점 지쳐간다. 다시 일을 하고 싶지만 어린 자녀들이 눈에 밟혀 마땅한 직장을 구하기 힘들었을 것이며 특히 출산과 육아로 인해 수년간 단절된 경력으로 인해 어디서부터 어떻게 시작해야 할지 방법을 몰라 앞이 막막하기만 하다. 결정적으로 사회에서 단절된 시간만큼 위축된 자존감이 제일 큰 영향을 미칠 것이다. 어떻게 그렇게 잘 아느냐고? 내가 직접 겪었으니 잘 아는 수밖에….

같은 여자로서, 같은 엄마로서, 같은 아내로서 함께 공감하며 그들의 이야기에 귀를 기울였다. 때로는 낯선 나에게 눈물을 보이는 이들도 있었다. 그럴 땐 아무 말 없이 두 손을 꼭 잡아드렸다. 그리곤 아직 늦지 않았으며, 당신도 할 수 있다고 격려해주었다. 그렇게 조금씩 서로에 대해 신뢰를 쌓아갔다. 팀장으로서 개인적인 업무보다 팀원들의 업무가 더 중요했다. 갑작스러운 동반 요청이 들어오면 고객에게 양해를 구하고 약속을 연기했다. 특히, 신입 팀원들의 동반 요청이 들어오면 모든 일을 잠시 멈추고 함께 동반 활동을 나갔다. 서로를 믿고, 각자의 자리에서 최선을 다하는 우리는 최고의 팀이었다. 지점 내 우수 팀은 물론이고, 사업단 평가에서도 최우수 팀으로 여러 번 선정되었으며 특히 세일즈의 꽃이라 불리는 리쿠르팅 부분에서 최고의 팀워크를 발휘했다.

#
　좋은 리더는 자신의 성격대로만 행동하지 않고, 팀원의 성격 또는 특성과
　업무 상황에 맞춰 적합한 피드백을 해줄 수 있어야 한다.

마음을
움직이는 성격

재능은 혼자서 키울 수 있지만, 성격은 세파 속에서 형성된다.

– 괴테

◆ 혼자가 아닌 함께

리쿠르팅은 팀원들과의 신뢰였다. 후보자를 발굴해 준 팀원들의 입장을 생각해서 후보자들에게 합격만을 위해 시험을 쳐달라고 부탁하지 않았다. 후보자들과 함께 식사하며 그들의 이야기에 조용히 귀를 기울였다. 정확히 표현하자면 내가 말을 할 겨를이 없었다. 이유는 바로 동행한 팀원들 때문이었다. 팀원들은 이렇게 젊고 예쁜(?) 사람이 우리 팀의 팀장이며, 팀장이 일도 똑 부러지게 한다며 나를 치켜세워 주었다. 또한, 팀원들은 나의 '꿈'을 대신 이야기하며 그 '꿈'을 이루기 위해 현재 대학원을 다니고 있다고 했다. 그러면서 팀장이 처음 자신에게 1년만 믿고 따라오면 원하는 급여를 받을 수 있게 해준다 약속하여 반신반의하는 마음으로 팀장을 믿고 따랐더니 1년이 채 되기도 전에 그 약속을 철석같이 지켰다고 했다. 이를 계기로 스스로 영업에 대한 자신감이 생기고, 그로 인해 자신에게 새로운 '꿈'이 생겼다고 했다. 나는 그저 옆에서 조용히 자리를 지키고 있었다.

리쿠르팅을 통해 새로운 신인이 교육 과정에 입문하게 되면 다들 부담감을 느낀다. 아이들에 대한 걱정과 함께 시험 합격에 따른 스트레스 때문이다. 하지만 합격 후 더 많은 문제들과 부딪힌다. 실적에 대한 부담감, 주변 사람들의 거절로 인한 상처 및 가족의 반대 등 이유는 수 없이 많다. 하지만 제일 중요한 것은 본인의 의지와 유치자와의 관계이다. 유치자들 역시 신인을 발굴해서 교육 과정에 입문시키게 되면 상당한 책임감을 느낀다. 교육 과정에 입문한 신인이 포기하지 않고 끝까지 정착할 수 있도록 유치자가 옆에서 세심한 부분까지 신경을 써줘야 한다.

우리 팀은 각자의 MBTI 성격유형에 맞게 역할을 분담했다. 동정적이고 우호적인 마음이 따뜻한 유형의 팀원은 신인들을 알뜰히 챙기며 교육에 적응할 수 있게 도움을 주는 역할이 부여됐다. 외향적이고 사교성이 좋은 유형의 팀원은 신인들과 함께 동반 활동을 했다. 또한, 꼼꼼하고 똑 부러지는 성향의 팀원은 신인들의 상품교육을 전담했다. 이렇게 각자의 성향에 맞는 역할이 주어진 우리 팀은 손발이 척척 맞았다. 일정한 교육 기간이 지나면 신인들에게 활동할 수 있는 자유로운 시간이 주어진다. 이런 상황이 되면 수시로 기존 사원들에게 요청하여 고객 상담 시 함께 동반 활동을 하도록 하였으며 이러한 과정을 통해 신인들이 어깨너머로 영업 활동을 배울 수 있게 했다. 팀장인 나 역시 신인들의 든든한 버팀목이 되어주었다. 완벽한 팀워크로 그렇게 한 명의 신인이 등록을 무사히 마치게 되면, 한 달 후 교육 수당을 받게 된다. 신인들이 첫 급여를 받으면 한바탕 잔치가 벌어진다. 팀원들 모두 모여 떡과 케이크를 준비하고, 그동안 고생한 신인에게 작은 선물을 전달하며 축하 파티를 열었다. 그리고 그 자리에서 신인들에게 꼭 하나의 미션이 주어졌다. 그 미션은 바로 가장 사랑하는 이에게 용돈을 드리는 미션이었다.

"○○○ 님 교육 과정을 무사히 마치고 정식 팀원이 된 것을 진심으로 축하드립니다. 지난 두 달이라는 시간 동안 본인께서 열심히 한 결과이니 오늘 하루만큼은 충분히 여유를 즐기세요."라고 말했다. 그리고 "이제 첫 급여를 받았으니 여기까지 올 수 있도록 가장 큰 도움을 주신 분께 시원하게 용돈 한 번 드리세요"라고 한다. 조언을 들은 신인들은 잠시 생각에 잠겨 대상자를 떠올린다. 대부분은 친정 어머니 또는 남편이다. 대상자가 정해지면 자신의 첫 급여에서 상황에 따라 30~50만 원 상당의 현금을 준비하여 용돈으로 드리라고 했다. 단 "깨끗한 신권으로 반드시 봉투에 넣어야 한다."라는 팁도 일러줬다. 그런 과정을 거치게 되면 단언컨대 그분들은 당신의 100% 든든한 조력자가 된다고 알려주었다.

사람은 누구나 직업에 대해 만족감을 느낄 때 행복감 역시 느끼지 않을까? 나 역시 팀장의 역할을 부여받고 부담감과 책임감으로 힘이 드는 게 사실이었다. 하지만 팀장 역할로 인해 업무에 자부심을 느낄 때도 있었다. 바로 팀원들이 협업을 통해 업무에 대한 자부심을 느끼고 조금씩 성장하면서 자신의 목표를 하나씩 채워나가는 모습을 지켜보는 순간이었다. 7명이라는 소수정예 인원으로 시작했던 우리 팀은 10개월 만에 팀원이 16명으로 늘었다. 시간이 지나 감사하게도 나를 믿고 따라와 준 팀원들 덕분에 원하는 급여를 받게 해주겠다는 약속을 지킬 수 있었으며, 나 역시 석사 과정을 무사히 마칠 수 있었다. 꿈이 있는 사람 주변으로는 함께 꿈을 꾸는 사람들이 모여 든다고 한다. 서로를 믿고 서로의 꿈을 응원하며, 포기하지 않고 나아가면 결국 원하는 것을 얻게 된다. 혼자가 아닌 함께할 수 있을 때 더 큰 힘을 발휘 할 수 있게 되기 때문이다.

\#

누구에게나 행운은 찾아온다.

행운이란 좋은 인연이며, 행운은 타고난 것이 아니라, 함께 만들어가는 것이다.

성격은 아이의
꿈의 지도

자녀 교육의 핵심은 지식을 넓히는 것이 아니라,
자존감을 높이는 데 있다.   - 톨스토이

◆ 엄마 나 죽고 싶어...

나에게는 친구 같은 딸아이가 있다. 이성적이고 논리적인 나와는
달리 딸아이는 감성적이며 낙천적인 성격의 소유자다. 딸아이는 지
금까지 나와 함께 학교에 다녔다. 딸아이가 초등학교 입학하면서 나
도 늦깎이 대학 생활을 시작했기 때문이다. 평일에는 직장과 학교생
활로 바쁜 시간을 보내고 있던 터라, 주말이면 주로 딸아이와 함께
시간을 보냈다. 책을 좋아하는 우리 모녀는 주말마다 도시락을 준비
해서 야외 도서관을 찾아다니며 틈틈이 서점을 들러 책 쇼핑을 했다.
그리고 시간이 날 때마다 딸아이를 데리고 학교를 찾았다. 이곳저곳
학교 구경을 시켜주면 딸아이는 깜짝 놀라며 "엄마 대학교는 원래
이렇게 커요? 책상도 크고, 매점도 크고 학교 운동장도 엄청 넓어
요."라고 말했다. 동그랗게 토끼 눈을 뜨고 신기한 듯 이리저리 학교

를 둘러보는 딸아이의 모습이 너무나 사랑스러웠다. "그럼 더 큰 학교도 있는걸."이라고 말하자 딸아이는 "정말요?"라고 말하며 동그란 눈이 더욱더 동그랗게 커졌다. 한참을 살피던 딸아이가 다시 입을 열었다. "엄마, 대학생 언니들은 다 예쁜 것 같아요." 나는 웃으며 "그래? 은이 얘기를 듣고 보니 정말 대학생 언니들은 다 예쁘네."라고 답했다. '그럼 당연히 예쁘지, 캠퍼스 청춘들이 얼마나 아름답고 예쁜지 엄마는 너무나 잘 알지….'라며 조용히 씁쓸한 미소를 지었다. 그리고 딸아이를 바라보며 "너도 대학생이 되면 지금 이 언니들처럼 예뻐질걸? 아니 엄마 생각에는 훨씬 더 예쁠 것 같은데?"라고 말하니, 딸아이는 "정말요?"라고 말하며 사랑스런 눈빛으로 나를 바라보았다. 우리 모녀는 어느새 여대생이 되어 깔깔거리며 서로의 손을 꼭 잡고 이리저리 캠퍼스를 누비고 다녔다. 그렇게 우리만의 '캠퍼스 데이트'를 즐겼다.

한가로운 주말을 보내며 중학생인 딸아이와 함께 밥을 먹고 있었다. 맛있게 잘 먹고 있던 딸아이가 갑자기 "엄마 나 죽고 싶어요."라고 말하며 눈물을 뚝뚝 흘리는 것이었다. 순간 '이게 무슨 일이지?'라는 생각이 들었다. '혹시 얘가 학교에서 왕따를 당하고 있나? 아님 학교 폭력을 당하고 있나?' 수십 가지의 생각이 머릿속을 빠르게 지나갔다. 갑자기 흥분하여 무슨 일이냐고 다그치면 딸아이가 더욱 놀랄 것 같았다. 우선 심호흡을 하며 마음을 가다듬었다. 딸아이의 손을 꼭 잡아주며 아무렇지도 않은 듯 침착하게 "은아 무슨 일인지 엄마한테 얘기해줄 수 있겠니?"라고 물었다. 딸아이는 미동도 하지 않고 눈물만 뚝뚝 흘리며 묵묵부답이었다. 자꾸 재촉하면 딸아이가 다시 입을 다물어버릴 것 같았다. "그래, 말하기 싫으면 억지로 얘기

안 해도 돼. 은이가 이야기하고 싶을 때 언제든지 얘기하렴."이라고
말하곤 조용히 기다려 주었다. 한참 시간이 지난 후 딸아이가 힘겹
게 입을 열었다. 딸아이를 포함해 단짝처럼 지내는 세 명의 친구들
이 있는데, 어떤 계기로 인해 오해가 생겼다는 것이다. 상황을 정리
하면 이러했다. 딸아이가 친구 A의 얘기를 친구 B에게 했는데 B가
A에게 "은이가 너에 대해 이렇게 뒷이야기를 하더라."라는 것이다.
B에게 얘기를 전해들은 A는 교실로 찾아와 크게 화를 내며 딸아이
에게 절교라고 말한 후 친구들 사이에서 딸아이를 은근히 왕따를 시
킨다는 것이다. 사춘기를 보내는 아이들 사이에서 흔히 일어날 수
있는 사건이었다. 마음 같아서는 당장 학교로 달려가 엄마인 내가
직접 나서서 상황을 해결해주고 싶었지만 딸아이를 위해 다시 한 번
생각해 보았다. '이 상황에서 엄마로서 가장 현명한 방법이 뭘까? 어
떻게 하면 딸아이를 도와줄 수 있을까?'라고 생각을 했다. 가장 먼저
힘들어했을 딸아이를 두 팔로 꼭 안아줬다. 그리고 "이런 일이 생겨
서 너무 속상했겠다. 혼자서 고민한 은이를 생각하니 엄마도 가슴이
아프네. 용기 내서 지금이라도 엄마한테 얘기해줘서 너무 고마워."
라고 말했다. 딸아이는 그동안의 설움이 복받쳤는지 나에 품에 안겨
큰소리로 엉엉 목 놓아 한참을 울었다. 나는 아무 말도 하지 않고 딸
아이의 등을 다독여 주었다.

　얼마나 시간이 지났을까? 나는 조용히 말했다. "은아, 엄마가 어떻
게 하면 은이를 도와줄 수 있을까?"라고 딸아이에게 물었다. 한참을
훌쩍이던 딸아이는 고개를 들어 나를 보며 말했다. "엄마, 이 일로
절대 학교에 오시면 안 돼요."라고 했다. 왜 그러냐고 이유를 다시
물었다. 딸아이는 눈물을 훔치며 이런 상황에 부모님이 개입하면 일

이 너무 커진다고 했다. "그럼, 엄마가 어떻게 하면 될까?"라고 물었다. 딸아이는 담임선생님과 친구들이 모르게 학교상담을 받아보고 싶다고 했다. 각 학교에는 '위클래스'라는 상담센터가 운영되고 있는데, 이곳에 가면 학교생활에 대해 상담을 받을 수 있다고 했다. 단 현재 다니고 있는 학교에서 교내 상담을 받으면 담임선생님과 친구들이 이 상황을 알게 되므로, 아무도 모르는 곳에서 조용히 상담을 받아보고 싶다는 것이었다. 딸아이는 나에게 장소를 알아봐 달라고 했다. "그래, 알았어. 은이가 원하는 대로 엄마가 장소를 한 번 알아볼게."라고 약속했다. 그제야 마음이 놓이는지 딸아이는 잠이 온다며 스르르 잠들었다. 잠든 딸아이를 한참 바라봤다. '어린 마음에 얼마나 힘이 들었을까?'라는 생각에 마음이 짠해졌다. 또한, 한편으로는 '언제 이렇게 커서 엄마에게 고민을 털어놓고 더 나아가 본인 스스로 해결 방법까지 생각했을까?'라는 기특한 생각이 들어 코끝이 찡해졌다. 그저 밝고 건강하게 자라줘서 고마울 뿐이었다.

다음날 딸아이 모르게 담임선생님께 면담을 요청했다. 회기 상담을 받으려면 꽤 긴 시간이 필요하므로 담임선생님의 도움이 필요했다. 면담을 하면서 딸아이와 있었던 일을 말씀드렸다. 담임선생님께서는 깜짝 놀라시며 "어머니, 은이가 항상 밝고 친구들과 잘 어울려서 그런 일이 있을 것이라 상상도 못 했습니다."라고 말씀했다. 그리고 딸아이의 바람대로 상담을 흔쾌히 승낙하시며 학교에서 딸아이를 유심히 지켜보겠다고 하셨다. 그렇게 선생님과 함께 비밀작전이 시작됐다. 지인의 도움으로 알맞은 장소를 섭외하고 총 10회기의 상담을 받기로 했다. 일주일에 한 번씩 센터를 찾으며 이동하는 차 안에서 이런저런 대화를 나눴다. 그리고 상담이 끝나면 딸아이와 함께 간식을 먹으며 또다시 수다를 떨었다. 그렇게 7회기를 마치고 집으로 돌아오는 길이었다. 갑자기 딸아이가 "엄마 상담 더 안 받아도 될 것 같아요."라고 말했다. 깜짝 놀란 나는 '정말 괜찮겠니?'라고 물었다. 딸아이는 결심한 듯 "이제는 혼자서 해결할 수 있을 것 같아요. 혹시라도 문제가 생기면 지금처럼 엄마에게 도움을 요청할 테니 그때 다시 도와주세요."라고 말했다. 딸아이의 말을 듣는 순간 나도 모르게 코끝이 찡해졌다. 이 상황을 묵묵히 버텨준 딸아이가 너무 고마웠다. 또한, 스스로 해결하겠다고 결심한 딸아이가 너무나 기특했다.

아이러니하게도 올해 대학생이 된 딸아이는 그 뒤로 단 한 번도 나에게 도움을 요청하지 않았다.

#
부모는 아이의 거울이며, 아이는 부모의 뒷모습을 보고 자란다.

성격, 꿈을 찾는
'행운의 열쇠'

자아는 이미 만들어진 것이 아니라,

선택을 통해 계속해서 만들어가는 것이다.   – 존 듀이

◆ 새로운 나를 발견하다

석사 과정에 입문하여 틈틈이 성교육 강사로 활동하던 시절 멘토 선생님의 권유로 MBTI 공부를 시작하게 되었다. 멘토 선생님께서도 MBTI 교육을 이수 후 자기 이해 및 타인 이해에 많은 도움이 되었다며 추천해주셨다. "MBTI가 뭐지?"라는 생각으로 인터넷 정보를 검색해보았다. 검색 결과 MBTI는 심리학자의 대가인 구스타프 칼 융의 심리유형을 근거로 모녀인 캐서린과 이자벨의 오랜 연구 끝에 만들어진 심리검사 도구이다. MBTI는 일상생활에서 자기 이해와 타인 이해에 유용하게 활용할 수 있는 자기 보고식 성격유형 지표를 말했다. "자기 보고식 성격유형 지표라고? 재미있겠는걸?" 왠지 모르게 흥미로운 느낌이 들었다. 담당 교육 기관에 직접 전화를 걸어 MBTI에 대해 문의한 결과 교육 과정이 상당히 까다롭다는 사실을 알게

됐다. 교육을 신청하기 위해서는 반드시 학사 자격을 갖추어야 했으며, 교육 과정은 초급부터 일반 강사 과정까지 단계별로 진행됐다. 또한, 단계별 교육과정을 이수해야만 다음 과정을 신청할 수 있었으며 정해진 교육 일정에 따라 교육을 수강할 수 있었다. 결정적으로 교육장소가 부산 및 서울 등 수도권 지역에 위치해 있었다. "뭐야, 무슨 교육이 이렇게 많아. 엄청 까다롭네."라며 혼잣말을 했다. 2012년 직장에서 팀장 역할과 학업을 정신없이 병행하고 있는 시기였다. 2012년 7월 석사 과정을 1학기 끝내고 여름 방학 기간에 초급 과정을 신청했다. 장소는 가장 가까운 부산을 선택했다. 초급 과정은 이틀의 교육 과정으로 다행히 토, 일요일 주말에 진행됐다. 주말 아침 일찍 일어나 교육장으로 향했다.

초급 과정은 MBTI에 대한 기본 이해를 바탕으로 진행되는 이론 수업이었다. 또한 MBTI 도구를 통해 자기이해 및 개인 내 심리역동을 이해하며, MBTI 심리도구를 사용하기 위해 필요한 전문 지식을 습득하는 과정이다. 첫째 날에는 오리엔테이션을 거쳐 MBTI 검사를 실시하여 개인의 성격유형을 파악하는 과정으로 융의 심리유형론을 기초로 에너지 방향(E-I), 인식 기능(S-N), 판단 기능(T-F), 생활양식(J-P)의 4가지 선호 경향을 이해하는 시간이다. MBTI 검사 결과 나는 16가지의 유형 중 ESTJ 유형이다. 둘째 날은 그룹 활동으로 진행되었으며 16가지의 성격유형으로 분류되어 그룹 작업 및 발표, 그룹 개발 작업으로 진행되었다. 자신의 유형과 같은 그룹별로 진행되다 보니 서로 공감하는 부분이 많았다. 처음 만나는 자리라는 것이 믿어지지 않을 만큼 이틀이라는 교육 시간이 눈 깜짝할 사이에 지나갔다. 결과는 만족스러웠다. "와우, MBTI 너무 재미있는데 다음 과정도 꼭 신청해야지."라고 생각하며 가벼운 발걸음으로 집으로 돌아왔다.

보수 과정 역시 이틀 교육 과정이었다. 바쁜 업무 관계로 교육 일정이 맞지 않아 겨울 방학 기간에 신청했다. 보수 과정은 초급 과정을 좀 더 심화한 과정으로, MBTI 전문가로서의 역량을 개발하는 과정이다. 교육 첫째 날에는 오리엔테이션을 통해 실습 및 채점을 하여 프로파일을 작성했다. 또한, 자신과 반대 유형과의 그룹 작업을 통해 반대 성향과의 상호 작용 과정을 이해하게 됐다. 둘째 날에는 MBTI 성격유형에 따른 업무 처리 및 의사소통 스타일 점검, 가치편중 그룹 작업, 해석 실습 등 다양한 프로그램을 진행했다. 결과는 놀라웠다. "나와 다른 유형들은 이렇게 인식하고 판단하는구나."라는 생각이 들었다. 지금까지 살아오면서 부딪혔던 수많은 사건들이 머릿속을 빠르게 지나갔다. '그때 그들이 틀린 것이 아니라, 나와 다른 생각을 하고 있었구나….'라는 생각을 하며, 좀 더 MBTI를 공부해보고 싶다는 생각이 들었다. 보수 과정은 집합 교육을 받은 후 과정을 이수하기 위하여 특별히 실습과제가 주어졌다. 과제의 주제는 MBTI 검사지를 제대로 활용하기 위함으로 상담 시 내담자와의 라포(rapport) 형성을 위해 오리엔테이션의 중요성을 바로 알기 위해 검사 대상자를 선정하여 직접 시연해보는 과정이다. 시연 과정을 서술하고 MBTI에 관한 이론을 정리하여 리포트를 제출하는 형식으로 진행되었다. MBTI 이론 부분은 퇴근 후 짬짬이 시간을 내어 리포트를 작성했다. 문제는 상담과제로 처음 경험해보는 작업이라 생각보다 어려웠다. MBTI를 먼저 공부하고 오랜 기간 상담을 하신 멘토 선생님께 도움을 요청했다. 멘토 선생님의 도움으로 레포트 과정을 무사히 마칠 수 있었다. 다음은 검사 대상자 선정으로 평소 친분이 있는 동생에게 MBTI 교육 과정을 설명하고 양해를 구했다. 동생은 흔쾌히 나의 부탁을 들어주었다. 어색했지만 배운 내용을 토대로 열심히 상담을 진행했다. 겨우 리포트를 제출하고 결과를 기다렸다. 한 달여의 시간이 지나 2013년 1월 다음 과정인 중급 과정을 신청할 수 있게 되었다.

　2013년 3월 새 학기가 시작되어 정신없는 시간을 보내고 있었다. 중급 과정 역시 이틀 과정으로 진행됐다. MBTI 검사는 문항 수에 따라 일반검사 Form M과 정밀 검사Form Q로 나누어진다. 중급 과정은 Form M 유형을 토대로 보다 자세하고 다양한 선호를 설명하는 Form Q에 대한 전문자격 교육 과정이다. Form Q는 업그레이드된 검사지로 중급과정의 교육 내용은 Form Q의 도구 이해와 프로파일 해석 및 상담 작업을 통한 그룹별 다면 척도 해석 훈련 과정이었다. Form Q 프로파일 이해, 해석 및 상담 작업, 다면척도 그룹작업 등의 중급 과정이 끝나면 Form Q의 사용 자격이 부여됐다. 다음은 어린이 및 청소년 과정인 MMTIC 과정이다. MMTIC 과정은 어린이 및 청소년을 대상으로 MBTI 검사를 하여 성격유형 검사 결과를 이해하는 전문자격 과정이다. MMTIC 검사지는 성인들을 대상으로 사용되는 Form Q 검사지와 다르게 어린이 및 청소년들이 쉽게 이해할 수 있는 용어로 구성된 검사지이다. MMTIC 교육 과정은 MMTIC 검사지를 통하여 어린이 및 청소년 성격유형을 이해하고 그에 맞는 기질별 학습 방법을 제공하기 위한 성장 프로그램이다. 또한, 부모-자녀 간의 성격 역동을 알아봄으로써 자녀 이해를 돕는 과정이다. MMTIC 교육 과정을 마치고 귀가한 후 딸아이에게 적용해 보았다. 결과는 예상 밖이었다. MBTI의 4가지의 선호 경향 중 에너지 방향(E-I)으로 정의되는 외향성(E) 하나만 일치했다. 인식기능에서 감각형(S)인 나와는 달리 딸아이는 직관형(N)이었으며 판단기능에서도 사고형(T)를 선호하는 나와는 반대유형인 감정형(F)였다. 마지막 생활양식에서 나는 판단형(J)를 딸아이는 인식형(P)를 선호했다. MMTIC 검사 결과지를 확인하는 순간 나도 모르게 울컥했다. 감각적이고 논리적이며 목표 지향적인 나와는 달리, 딸아이는 직관적이고 감정적이며 자유분방한 성향이었다. 보수적인 성향을 지닌 엄마의 스타일로 짜놓은 네모난 틀에 개방적인 딸아이를 자꾸 가두려고 한 것 같아 미안한 마음이 들었다. '아, 그래서 은이가 그런 말과 행동을 했었구나.'라는 생각을 했다. 그때부터 딸아이를 있는 그대로 인정해주기로 했다. 딸아이의 성향을 인정 후 우리 모녀의 관계는 급속도로 좋아졌다. 감사하게도 MBTI는 나를 부모로서 한 걸음 더 성장하게 해주었다.

다음으로 MBTI 적용 과정은 A – MBTI와 융의 분석심리학, B – MBTI와 심리상담, C – 유형 발달과 중년기, D – MBTI와 자녀 양육, E – 성격유형과 스트레스, G – 청소년 지도, H – MBTI와 진로, I – 성격유형과 갈등 관리, J – 심리유형과 그림자, K – 유형 역동과 자기 개발, L – 성격유형과 기질 총 11개의 프로그램으로 구성된다. 이 중 3가지 과정을 이수해야지만 마지막 관문인 일반 강사 과정으로 갈 수 있었다. MBTI 공부를 하면서 점점 MBTI 매력에 빠지게 되었고, 일반 강사까지 도전해보고 싶다는 욕심이 생겼다. 그래서 나는 B – MBTI와 심리상담, D – MBTI와 자녀 양육, E – 성격유형과 스트레스 적용 프로그램을 신청했다. 마지막 적용 프로그램 교육 과정을 이수한 후, 2013년 4월 일반 강사 과정에 입문할 수 있었다.

마지막 관문인 일반 강사 과정은 MBTI 전문 강사로서 프로그램을 진행할 수 있도록 역량을 개발하는 전문자격 교육 과정이다. 교육 과정은 프로그램 개발지도 과정으로 영역별 프로그램을 기획 및 실행하며 MBTI 이론을 테스트하는 과정이다. 마침내 이러한 교육 과정을 거치면 MBTI 전문 강사 자격이 주어졌다. 이렇게 MBTI의 교육 과정은 타이트하게 진행됐다. 그리고 일반 강사 자격이 주어지더라도 주기적으로 적용 프로그램을 이수해야만 지속적으로 전문 강사 자격이 주어졌다. MBTI를 공부하면서 많은 것이 달라져 있었다. MBTI를 통해 '나'라는 사람을 이해하게 되었으며 '틀린 것이 아니라, 다른 것'임을 인정하게 됐다. 그렇게 MBTI와의 인연이 시작됐다.

#
배움은 결코 헛되지 않는다. 죽음에 이르기까지 배움을 멈추지 마라.
배움은 사람을 사람답게 만들고, 성취의 동기를 부여하게 해주며, 앎의 기쁨을 준다.

서로의 꿈을
응원합니다

빨리 가려면 혼자 가고, 멀리 가려면 함께 가라.

- 아프리카 격언

◆ 소중한 인연 감사합니다

"이유 없이 만나는 사람은 '친구', 이유가 없으면 만나지 않는 사람은 '지인', 이유를 만들어서라도 만나고 싶은 사람은 '좋아하는 사람'이다."라는 글귀를 우연히 보았다. 나에게도 이유를 만들어서라도 만나고 싶은 좋아하는 이들이 있다. 바로 '포시즌(4-seasons)' 멤버들이다. 포시즌은 2009년 울산성문화센터에서 성교육 강의를 받으며 맺은 인연들이다. 포시즌은 네 명으로 구성되어 있으며, 말 그대로 봄, 여름, 가을, 겨울의 사계절을 의미한다. 포시즌 멤버들에게 자신이 좋아하고 어울리는 계절의 역할이 주어졌다. 첫째 봄, 우리의 정신적 지주이신 멘토 이상희 선생님이다. 상희 쌤은 우리에게 '꿈'을 찾을 수 있도록 방향을 제시해 주시는 지혜로운 분이다. 상희 쌤은 벚꽃이 만발하는 4월에 태어나셨으며, 매년 만물이 소생하는 봄이 되면 아직도 가슴이 두근두근 설렌다고 하셨다. 이렇게 수줍은 소녀 감성을 지닌 상희 쌤이 '봄'이 됐다. 두 번째 계절인 여름. 여름은 똑 소리 나는 막내 송진옥 선생님이다. 진옥 쌤은 포시즌 모임의 가장 막내로 현재 부산에 거주하며, 아이들을 위한 스터디 공부방을 운영 중이다. 열정적인 진옥 쌤은 에너지 넘치는 핫한 여름이 제일 좋다 고 했다. 그렇게 한여름의 태양처럼 가장 정열적인 진옥 쌤이 '여름' 이 됐다. 다음은 세 번째 가을, 가을은 맏언니인 강연희 선생님이다. 연희 쌤은 포근하고 따뜻한 마음을 가진 일등 맏며느리로서 포시즌 모임의 중심이 되어 맏언니 역할을 톡톡히 했다. 연희 쌤은 사계절 중 가을을 제일 좋아하며, 가을만 되면 센치(?)한 추녀(秋女)가 된다 고 했다. 그렇게 연희 쌤이 '가을'이 됐다. 그리고 마지막 '겨울'. 겨 울은 바로 나이다. 아이러니하게도 겨울에 태어났고, 차갑고 도시적 인(?) 이미지를 가지고 있어 모두 나에게 '겨울'이 딱이라고 했다. 그 리고 '겨울이 혹독할수록 다가오는 봄이 반가운 것'이라며 학업과 직장 생활을 병행하며 묵묵히 힘든 과정을 버텨내고 있던 나에게 "민정 쌤, 겨울은 온몸으로 비움을 말해주는 계절입니다. 비록 지금 은 혹독한 겨울이지만, 곧 찬란한 봄이 반드시 다가온답니다."라며 쌤들은 나에게 겨울의 큰 의미를 안겨 주었다. 나 역시 그런 '의미 있는 겨울'이 마음에 쏙 들었다. 이렇게 우리는 각자 봄, 여름, 가을, 겨울이 되어 포시즌의 완전체를 이뤘다.

포시즌은 정기적으로 모임을 가지며 서로의 꿈을 응원했다. 시간 이 날 때마다 함께 모여 가까운 곳으로 드라이브를 하며 맛있는 음 식도 먹고, 커피를 마시며 수다를 떨기도 했다. 때로는 아이들의 자 라는 모습을 함께 공유하며 소중한 추억을 만들기도 했다. 아줌마들의 반란으로 회비를 다달이 모아 일본, 동남아시아, 유럽 등 해외여행을 가기도 했다. 이렇게 우리는 서로에게 좋은 사람 또는 좋아하는 사람이 되어 서로의 꿈을 응원하고 지지해 주었다. 포시즌 모임은 단순한 계모임이 아니었다. 매달 정기적인 피드백을 통해 자신의 꿈을 보완하고 수정해갔다. 우리는 서로에게 'ㅇㅇ 쌤'이라는 호칭으로 통했다. 그러던 어느 날, 우연히 책에서 읽은 사토 도미오의 "인생은 말하는 대로 된다."라는 글귀가 떠올랐다. 나는 포시즌 멤버들에게 "말에는 힘이 있어 평소 습관처럼 말을 하면 말하는 대로 꿈을 이룰 수 있을 것."이라 말했다. 그리고 앞으로 각자가 듣고 싶은 호칭을 불러줘서 그 꿈을 이룰 수 있도록 서로를 응원하자고 제안하였다. 포시즌 멤버들은 좋은 생각이라며 흔쾌히 승낙했다. 가장 먼저 내가 말을 꺼냈다. 성교육 강의를 통해 나의 꿈을 찾았으며, 앞으로도 공부를 하여 대학 강단에서 학생들을 지도해보고 싶다고 했다. 현재 불가능한 꿈을 위해 이렇게 석사 과정을 공부하고 있으니, 그 꿈이 이루어질 수 있도록 나를 '강 교수'라 불러 달라고 했다. 그리고 뒤이어 연희 쌤이 말했다. 쌤 역시 성교육 강사 활동을 하며 뒤늦게 한국방송통신대학에 진학해 학업을 병행하는 중이었다. 열정적인 연희 쌤은 방송대 커뮤니티 모임에서 학생 간부의 역할을 맡으며 학교 내에서 왕성한 활동 중이었다. 쌤 역시 성교육 강의를 하면서 많은 것이 달라졌다고 했다. 앞으로 한국방송통신대학교를 졸업하고 대학원을 진학하고 싶다고 했다. 연희 쌤은 배움을 통해 많은 것을 알게 되었으며, 공부하다 보니 자신도 또 다른 꿈이 생겨 앞으로 석사, 박사 과정에 입문하고 싶다고 했다. 연희 쌤은 자신을 '강 박사'라 불러 달라고 했다. 다음은 진옥 쌤이다. 진옥 쌤은 연년생 딸아이

를 키우며 틈틈이 학생들에게 진로상담을 해주는 자원봉사 활동을
하고 있다. 진옥 쌤은 상담을 하면서 많은 깨달음을 얻게 되었으며,
앞으로도 상담 공부를 계속하고 싶다고 했다. 상담학의 대가인 칼
로저스처럼 되고 싶다며 자신을 '송 로저스'라 불러 달라고 했다. 옆
에서 조용히 우리 이야기를 듣고 계시던 상희 쌤께서 말씀하셨다.
"다들 이렇게 서로의 꿈을 지지해주는 모습을 보니 너무 보기 좋습
니다. 앞으로 우리 서로의 꿈을 위해 강 교수, 강 박사, 송 로저스로
호칭을 정하기로 합시다."라고 말씀하셨다. 우리는 모두 흡족해하며
서로의 호칭을 한 번씩 불러봤다. 마지막으로 상희 쌤에게 듣고 싶
으신 호칭이 뭐냐고 물었다. 멘토 선생님께서는 '쌤'이라는 호칭이
젊음을 느끼게 해주신다며 충분히 만족스럽다고 하셨다. 그렇게 우
리는 서로의 꿈을 응원해주기 위해 쌤, 교수, 박사, 로저스라는 새로
운 호칭이 생겼다.

#
말하는 대로, 마음먹은 대로, 생각하는 대로.
삶은 어울림 속에 이루어지고, 서로가 함께할 때 힘이 나고, 아름답게 조화를 이루며
살 수 있다.

꿈은 깨라고
있는 것

인생을 사는 동안 가장 큰 기쁨은 당신은 못 해낼 것이라고
세상이 말한 것을 해내는 것이다.　　　　　　　　　　- 루즈벨트

◆ 불가능을 가능으로

한가로운 주말을 보내며 친정 식구들과 함께 점심을 먹고 있었다.
아버지의 장례를 치른 후 우리 삼 남매는 각자 대학에 진학했다. 언
니는 울산대학교 영문학과를 우수한 성적으로 조기 졸업했으며, 동
생은 울산대학교 경영학과에 입학 후 개인적인 사정으로 휴학한 상
태였다. 난 방송통신대학교를 졸업하고 석사 과정을 밟고 있었다.
식구들과 식사하던 중 "나 꿈이 생겼어, 나도 대학 강단에서 강의를
한번 해보고 싶어. 아니 반드시 강의하고 말 테니, 앞으로 강 교수라
불러줘요."라고 말했다. 가족들은 깜짝 놀라 당황한 표정으로 쳐다
봤다. 잠시 정적이 흘렀다. "네가 대학에서 강의를 하겠다고?"라고
언니가 먼저 말을 꺼냈다. 나는 곧장 "응."이라고 대답하며 포시즌
모임에서의 호칭 이야기를 꺼냈다. 나의 이야기를 들은 언니는 "어

쨌든 좋은 의도인 건 알겠지만, 학교 다닐 때 그렇게 공부 안 하고 놀기만 하던 네가 대학에서 강의를 하겠다고? 게다가 고등학교 검정고시 출신으로?"라고 말했다.

사실 언니의 말이 틀린 것은 아니었다. 가족 모두 표현하지 않았지만, 다들 황당하다는 표정이었다. 가족들의 반응에 아랑곳하지 않고 다시 말했다. "검정고시가 어때서? 동등한 학력을 인정받아 대학도 진학하였고, 지금 석사 과정에서 열심히 공부하고 있는데."라고 말했다. 다시 언니가 말하길 "치~ 네가 대학 강의를 하면 내 손에 장을 지지겠다."라고 말하는 것이 아닌가? 순간 언니의 말에 자존심이 무척 상했다. '두고 보자. 보라는 듯이 반드시 대학 강단에 서고 말 테다. 강단에 섰을 때 손에 장을 안 지지기만 해봐라.'라고 다짐하며 언니를 흘겨보았다. 그렇게 나는 세 번째 독기(?)를 품었다.

석사 과정에 입문하여 멘토 쌤에게 많은 도움을 받아가며 4학기 동안 전공과목의 수료 과정을 마치고, 마지막 5학기에는 석사 논문을 준비했다. 사실 처음에는 논문에 '논'자도 몰라 논문 대신 보고서로 대체하려 했다. 하지만 멘토 쌤께서 "강 교수, 석사 과정은 지금까지 배운 학문을 오롯이 자기 것으로 만드는 과정입니다. 자기만의 학문을 만들기 위해서 석사 논문 연구는 반드시 거쳐야 하는 과정입니다."라고 말씀하셨다. 멘토 쌤의 조언을 들은 후 생각했다. "논문이라고? 솔직히 어떻게 해야 할지 막막하지만, 그래 어디 한번 해보자."라며 마음을 가다듬었다.

마케팅을 전공 분야로 선택한 후 지도 교수님과 함께 논문 작업에 들어갔다. 지도 교수님은 박주식 교수님이시다. 교수님과는 웃지 못할 에피소드가 하나 있다. 때는 바야흐로 2012년 1월, 대학원 석사 면접일이었다. 무식하면 용감하다고 했던가? 아무런 준비도 없이 대학원 면접을 보기 위해 학교를 찾았다. 면접은 대학원 원장님과 지금의 지도 교수님이 함께 진행하셨다. 이력서와 지원 동기 서류를 한참을 살피시던 교수님들은 살짝 당황하는 눈치셨다. "이력이 상당히 화려하시네요."라고 원장님께서 말씀하셨다. 난 당당하게 "네."라고 대답했다. 다시 원장님께서 "사회복지와 청소년 교육을 전공하셨는데, 어떻게 경영학을 지원하게 되었나요?"라는 교수님의 질문에 나는 순간 당황하였다. 멘토 쌤과 면담 후 집으로 돌아와 인터넷으로 검색창에 '울산 대학원'이라고 키워드를 입력하자 배너창이 떴다. 그때 마지막으로 뜬 배너 광고가 울산대학교 경영대학원 MBA(Master of Business Administration) 과정이었다. 아무 생각 없이 배너 창을 클릭하니 원서 접수 기간이 하루밖에 남지 않았었다. 급한 마음에 부랴부랴 서류를 준비해, 다음날 원서를 접수했다. 그러고는 잊고 있다가 면접을 보러온 것이다. 교수님의 질문에 당황했지만 아무렇지도 않게 "평소에도 경영학은 저에게 관심 있는 학문이었으며, 꼭 배워보고 싶었습니다."라고 대답했다. 관련 서류를 살펴보시던 교수님께서 "학점이…"라며 말끝을 흐리셨다. "직장과 학업 생활을 병행하느라 사실 학점에 신경 쓰지 못했으며, 대학원 과정에 들어오면 열심히 공부해서 학점에 신경 쓰겠습니다."라고 말씀드렸다. 교수님께서는 또 다른 질문으로 MBA 과정은 직장인들을 대상으로 야간 수업으로 진행되는 과정으로 일주일에 두 번씩 7시부터 10시 반까지 수업이라 힘들지 않겠냐고 물으셨다. 나는 한 치의 망설임도 없이 전문학사 수업은 일주일에 주 5일로 진행되었으므로 이틀은 식은 죽 먹기라고 대답하였다. 그 뒤로도 교수님들의 질문은 한참동안 계속됐다. 면접을 마치고 돌아오는 차 안에서 나는 그만 펑펑 소리 내어 울고 말았다. 내가 생각해도 너무 무지한 나의 태도에 부끄러워 쥐구멍이라도 숨고 싶었다. '합격하더라도 교수님들 보기 민망해서 학교 못 다닐 것 같아.'라며 혼잣말을 했다. 한 달이라는 시간이 지나 "귀하의 울산대학교 경영대학원 MBA 과정의 합격을 진심으로 축하드립니다."라는 대학원 석사 과정 합격 문자를 받았다. 기쁨 반, 부끄러운 마음 반으로 나도 모르게 씩 하고 입가에 미소를 지었다.

석사 과정을 개강하고 일주일에 두 번씩 야간 수업이 진행됐다. 예상외로 대학원 생활은 너무 재밌었다. 함께한 MBA 24기 원우님들은 20대에서 50대까지 연령대가 다양했으며 한 분 한 분 각자의 자리에서 최선을 다하며 인정받는 유능한 이들로 하나 같이 멋진 분들이다. 한참 석사 과정의 수업을 재미있게 듣던 중 우연히 박주식 교수님과 복도에서 마주쳤다. 지난 면접 때의 악몽이 떠올라 나도 모르게 교수님을 피했다. 교수님은 그런 나를 발견하시곤 "강민정씨 맞죠? 어떻게 학교생활은 잘하고 계시나요?"라고 말씀하시며 반갑게 인사하셨다. 깜짝 놀란 나는 "안녕하세요. 교수님 덕분에 학교생활 재미있게 잘하고 있습니다."라고 답했다. 그러자 교수님은 "역시 그럴 줄 알았습니다."라고 말씀하시는 게 아닌가? 나는 다시 "좋게 봐주셔서 감사합니다. 그런데 교수님 제 이름을 어떻게 아세요?"라고 교수님께 물었다. 교수님은 미소를 띠시며 "어떻게 강민정씨 이름을 기억 못하겠어요. 지금까지 그렇게 인상 깊었던 면접은 처음이었습니다."라고 말씀하셨다. 순간 '아⋯ 이런 바보 같으니⋯ 그렇게 무식하게 면접을 봤으니 교수님이 기억할 수밖에⋯.' 부끄러운 마음에 나도 모르게 얼굴이 화끈거렸다. 교수님은 나에게 "그렇게 열정적으로 석사 과정을 들어오겠다고 자신의 의사를 밝혔을 때 이분은 학교 생활을 잘하겠구나."라는 생각이 들었다고 하셨다. 창피함에 다시 한 번 얼굴이 화끈 거리는 순간이었다.

우연한 기회로 2학기 때부터 기수를 대표하여 총무 역할을 맡았다. MT, 체육대회, 신입생 환영회 등 다양한 행사의 책임을 맡아 진행했다. 열심히 하는 나의 모습이 가상했는지 기수 원우님들은 적극적으로 학교 활동에 동참해 주셨다. 다양한 경험과 함께 인적 네트워크를 쌓아가는 학교생활은 너무나 재밌었다. 이것이 바로 내가 원하던 '캠퍼스 생활'이었다. 3학기를 마치고 논문 준비를 위해 박주식 교수님을 찾아갔다. 교수님께 앞으로 졸업을 앞두고 석사 논문을 준비하고 싶다고 말씀드렸다. 앞으로의 꿈과 계획을 말씀드리며 지도 교수님이 되어 주시길 부탁드렸다. 조용히 듣고 계시던 교수님은 흔쾌히 승낙해 주시며 "민정씨, 앞으로 한번 잘해봅시다."라고 말씀하셨다. 그렇게 지도 교수님과 소중한 인연이 시작됐다.

사실 그때까지만 해도 논문 연구는 처음이라 어떻게 해야 할지 눈앞이 캄캄했다. 그런 나에게 지도 교수님은 "민정씨 앞이 막막하지요? 논문 연구를 처음 시작할 때 누구나 그렇습니다. 너무 걱정하지 말고, 모르는 부분이 있으면 물어보세요."라며 격려해 주셨다. 연구 기간 내내 교수님을 괴롭(?)혔다. 아마 나만큼 교수님을 못살게 군 학생도 없을 것이다. 하루에도 몇 번씩 전화 통화와 메일을 주고 받으며 논문 연구를 진행했다. 이해가 될 때까지 교수님께 묻고 또 물었다. 그럴 때마다 교수님은 친절히 가르쳐 주셨다. 때로는 논문 연구가 너무 힘들어 지칠 때마다 교수님께서 "민정씨, 아주 잘하고 있습니다. 그러면서 조금씩 생각이 커진답니다. 조금만 더 힘내세요."라고 말씀하시며 격려해주셨다. 사실 일과 학업을 병행하며 두 마리의 토끼를 잡는 일은 생각만큼 쉽지 않았다. 연구 가설은 어떻게 세워야 하나? 연구 모형은 어떻게 할 것인가? 끊임 없이 고민하고 또 고민하였다. 정신적인 스트레스가 이만저만이 아니었으며 시간이 지날수록 논문에 대한 스트레스로 인해 정말 미쳐버릴 것만 같았다.

마지막 논문 심사를 앞두고 며칠 동안 밤샘 작업이 이뤄졌다. 온종일 컴퓨터 앞에 앉아 수정하고 또 수정했다. 끝도 없이 반복되는 과정이었다. 몇 번의 수정 작업을 거쳐 우여곡절 끝에 논문 심사를 마칠 수 있었다. 드디어 지난 시간 정성 들여 준비한 연구를 마무리하여 석사학위를 인정받을 수 있었다. 지도 교수님께서는 "민정씨, 그동안 수고했어요."라며 축하해주셨다. 험난했던 지난 과정이 주마등처럼 머릿속을 스쳐 지나갔다. 논문 작업으로 엄청난 스트레스를 받았던 터라 나도 모르게 눈물이 왈칵했다. 그런 나를 지켜보시던 교수님은 다시 한 번 고생 많았다며 격려해주셨다. 그렇게 지도 교수님의 도움으로 석사 과정을 무사히 마칠 수 있었으며, 2015년 2월 드디어 석사모를 쓸 수 있었다. 감사하게도 많은 분들이 축하해 주셨으며, 멘토 선생님과 연희쌤은 가족까지 동반하여 졸업식장을 찾아 주셨다. 우리는 서로 석사모를 돌려쓰며 환한 웃음으로 인증 샷을 남겼다. 사실 대학원 졸업을 누구보다 기뻐하신 분은 엄마였다. 아버지의 사업 부도로 인해 삼 남매를 끝까지 공부시키지 못한 것을 항상 미안해하셨다. 나는 엄마에게 졸업 가운과 석사모를 씌워드리며, "어머니, 다음에는 꼭 박사모 씌워드릴게요."라고 말했다. 어머니의 눈가에 눈물이 촉촉히 고였다. "딸아 그동안 고생했다. 그리고 너무너무 고맙다."라며 떨리는 목소리로 말씀하셨다. 나는 아무 말도 하지

않고 어머니를 두 팔로 꼭 안아드렸다. 많은 이들의 축하를 받으며
우리 모녀는 졸업식의 추억을 한 장의 사진으로 남길 수 있었다.

#
  열등감 그리고 결핍은 우리를 무엇보다 성장시켜 준다.
  우리의 가장 큰 스승은 사람들과의 관계 속에서 얻는 배움이다.

CHAPTER 3

강점 성격을
읽는 법

외모가 다르듯
성격도 다르다

상대에게 맞추려면 가장 먼저 '상대가 나와 다르다는 것'을
인정해야 한다.   - 법정 스님

  누구보다 평범했던 내가 아버지의 장례를 치르며 남들보다 뒤늦
은 공부를 시작하게 됐다. 배움을 통해 좋아하는 일을 찾았고, 하고
싶은 일을 하며 '꿈'이 생겼다. 이렇게 '꿈'이 생기기 시작하면서 나
에게 가장 큰 영향력을 미친 것이 바로 '성격'이다. 성격은 부모로부
터 물려받은 유전적 요인과 환경적 요인의 결합으로 나타나는 행동
특성이다. 이는 개인의 행동을 예측할 수 있는 잣대가 된다. 사람은
저마다 외모가 다르듯이 자신만의 선천적인 선호 경향 즉, 성향을
지니고 태어난다. 이러한 성격은 형성 과정에서 유전자, 교육, 문화
적 배경 및 성장 환경 등 다양한 요인과 상호작용하면서 선호의 정
도에 따라 자신만의 독특한 성격이 결정된다. 때로는 혈연관계인 가
족임에도 불구하고 전혀 다른 성향을 보이는 경우가 있으며, 나와는
전혀 상관이 없음에도 비슷한 성향의 모습을 발견하기도 한다. 성격

은 개인에 따라 선호도 차이가 있으며, 일정한 유형이 형성된다는 것을 다양한 연구를 통해 알 수 있다. 또한, 성격은 개인의 일상생활과 의사 결정에 큰 영향을 미친다. 대부분의 사람들이 자기 성격에 대해 잘 알고 있다고 믿고 있으며, "나는 내가 제일 잘 안다."라고 말한다. 물론 틀린 말은 아니다. 필자 역시 성격에 대해 잘 알고 있다고 착각하고 있었기 때문이다.

성격의 어원을 살펴보면 고대 로마로 거슬러 올라간다. 성격이란 라틴어 페르(Per)와 조나레(Sonare)에서 유래된 말로서, 배우들이 연극 무대에서 얼굴을 가리는 페르소나(persona)라는 가면을 의미한다. 성격(personality)은 무의식 속에서 나타나는 행동 패턴으로 개인을 이해하는 데 있어 중요한 요인이 된다. 선행 연구에 의하면, 사람들은 특성화하는 대인관계 상황에서 나이, 학력, 출신, 배경, 과거의 경력 등에 의존하지만 무엇보다도 성격을 가장 중요시한다고 한다. 자신의 성격을 알고 있는 것은 매우 중요한 일이다. 성격은 무의식 속에서 말과 행동으로 다양한 관계에 영향을 미치기 때문이다. 하지만 성격을 아는 것보다 중요한 것은 자신의 성격을 제대로 활용하는 것이다. "나는 이런 사람이야."라고 단정 짓기보다 자기 성격특성의 장단점을 파악하는 것이 중요하다. 한애경 외(2007)의 연구에 의하면, 성격은 대인관계 및 직업을 선택하는 데 있어 영향을 미칠 뿐 아니라, 직업을 선택한 후 직무수행 능력에도 영향을 미친다고 했다. 필자 역시 성격으로 인해 발생한 다양한 사건들이 많았으며, 직업적으로 영향을 미쳤다는 사실을 알게 됐다. MBTI를 공부하면서 '성격'이라는 키워드를 통해 '나'라는 사람을 이해하게 됐으며 자기이해와 함께 서로의 다름을 인정하게 됐다.

MBTI를 공부하면서 관계에 가장 큰 영향을 미친 것은 딸아이다. 이제 막 사춘기를 시작하는 딸아이는 아무 이유 없이 짜증을 내거나 갑자기 입을 다물어 버렸다. 그럴 때마다 딸아이에게 왜 그러냐며 이유를 말하라고 재촉했으며 때로는 묵묵부답인 딸아이의 태도에 화가 나서 아이의 감정을 무시해 버리고는 했다. MBTI를 통해 딸아이와 나의 성향이 많이 다르다는 사실을 알게 됐다. 아이는 나와 전혀 다른 성향이었던 것이다. 아동 및 청소년을 대상으로 한 MMTIC 교육을 받은 후 딸아이에게 적용해보기로 했다. MBTI 검사지는 성인용과 아동용으로 나누어지는데, 아동용으로 사용되는 검사지가 바로 MMTIC 간이 성격검사지이다. MMTIC 간이 성격 검사지는 아이의 성격유형을 발견하고 이해를 돕는 검사 도구로써, 자녀의 학습 태도, 학습 스타일, 진로 선택 방법 등 다방면의 이해가 가능하다. 반복되고 헷갈리는 성인용 MBTI 검사지에 비해 MMTIC 간이 성격검사지는 아이들이 이해하기 쉽도록 구성되어 있으며, 표기 방법도 간단한 표시로 되어있다. 딸아이에게 충분히 이해할 수 있도록 MMTIC 검사에 관하여 설명해주고 편안히 검사에 임할 수 있도록 했다. MMTIC 간이 성격검사를 통해 그날 이후 아이의 성향을 있는 그대로 인정해 주기로 했다. 딸아이에게 자유로운 상상을 할 수 있도록 충분히 자기만의 시간을 주고, 아이의 이야기를 끝까지 들어주었다. 특히, 딸아이가 말할 때 함께 맞장구쳐주며 즐겁게 호응해줬다. 그리고 칭찬과 격려를 아끼지 않았다.

처음부터 쉬운 것은 아니었다. 딸아이의 얘기를 끝까지 들어준다는 것을 엄청난 인내력이 필요했으며 호응을 해주기 위해 강한 집중력이 필요했다. 또한 아낌없는 칭찬과 격려를 위해서는 나의 감정을 컨트롤해야만 하는 고도의 능력이 필요했다. 사춘기를 막 시작한 10살 딸아이의 반응도 시원치 않았다. '우리 엄마가 갑자기 왜 저래?' 하는 이해 불가의 표정과 함께 '성격 급한 엄마가 얼마나 가겠어…' 라는 못마땅한 표정을 지을 때면 나도 모르게 욱하는 감정이 가슴속 깊은 곳에서 솟구쳐 올랐다. 그럴 때마다 크게 심호흡을 한 번 하고, 딸아이의 눈을 마주 보았다. 그리고 아이가 이야기를 다시 시작할 때까지 조용히 기다려 주었다. 그렇게 시간이 지나다 보니 서로에게 조금씩 적응하게 됐다. 딸아이는 지금도 온종일 있었던 일들을 끊임없이 이야기한다. 아이의 이야기에 귀 기울이면 다양한 상황을 알 수 있었다. 선생님과의 관계, 친구들과의 문제, 조금 더 나아가 이성 관계 등 재잘거리는 아이의 말속에 모든 문제와 해답이 있었다. 그렇게 서로의 다름을 인정하기 시작하면서 딸아이에게 친구 같은 엄마, 엄마에게는 친구 같은 딸이 될 수 있었다.

\#
부모는 아이와 함께 성장한다. 사춘기를 계기로 부모는 빠른 속도로 늙게 되지만, 아이들은 더욱 빠른 속도로 성장하게 된다.

숨겨진 진짜
성격을 찾아라

인간은 자기 자신을 알아야 한다. 설령 그것이 진리를 발견하는 데 큰 도움이 되지 않는다고 할지라도, 최소한 자기 생활의 질서를 잡는 데는 큰 역할을 하게 된다. 이 일 이상으로 훌륭한 일은 없다.

– 파스칼

2년 6개월이라는 기나긴 시간이 지나 석사 졸업을 앞두고 있었다. 나는 다시 멘토 선생님을 찾았다. 학사를 졸업하고 대학원을 진학할 것을 권유하셨던 예전의 같은 장소에서 다시 한 번 식사를 대접했다. 나는 멘토 선생님에게 "상희 쌤, 감사합니다. 덕분에 석사 논문을 무사히 마무리할 수 있었습니다."라고 인사를 드렸다. 멘토 선생님께서 온화한 미소로 "강교수 수고 많으셨습니다. 그동안의 피나는 노력이 결실을 보게 되어 축하드립니다."라고 말씀하시며 내 손을 꼭 잡아주셨다. 나도 모르게 코끝이 찡해졌다. 멘토 선생님은 "이번에 박사 과정에 도전해 보세요. 강교수는 분명 할 수 있습니다."라고 단호한 말투로 말씀하셨다. 순간 나는 머리가 하얘졌다. '석사 과정을 오기까지 얼마나 힘이 들었는데 박사 과정을 들어가라고? 게다가

고등학교 검정고시 출신인데 내가 박사를?'이라고 생각했다. 사실 나는 유년 시절 학습 부진아였다. 초등학교 시절 방과 후 늦게까지 나머지 공부하는 일이 부지기수였으며, 중학교 시절 역시 공부랑은 거리가 멀었다. 그리고 결정적으로 고등학교 자퇴를 한 나에게 박사 과정에 입문하라고? 아무리 생각해도 말이 안 되는 일이었다.

나는 멘토 선생님께 "고등학교 검정고시라는 콤플렉스를 극복하고자 전문대만 졸업해도 감사하다는 마음으로 공부를 시작했습니다. 감사하게도 상희 쌤 덕분에 여기까지 올 수 있었습니다. 예상하지 못했는데 제가 석사학위를 받게 된다는 사실이 지금도 믿기지 않습니다. 하지만, 사실 지난 6년 반이라는 시간 동안 너무 힘들었습니다."라고 말하며 나도 모르게 눈물이 흘렀다. 잠시 후 멘토 선생님은 "너무나 잘 알고 있습니다. 강교수가 얼마나 힘들게 여기까지 왔는지 지금까지 옆에서 지켜봤습니다. 그래서 박사 과정을 도전하라고 하는 것입니다."라고 말씀하셨다. 멘토 선생님의 말씀에 깜짝 놀라 "네? 그게 무슨 말씀이세요?"라고 물었다. 멘토 선생님은 잠시 생각을 하시고는 조용히 말씀하셨다. "지금까지 강교수를 지켜보며 참 특별한 재능을 가진 사람이라는 것을 알았습니다." 나는 다시 한 번 멘토 선생님을 쳐다보았다. "강교수는 목표에 대한 추진력과 의지력이 타의 추종을 불허합니다. 본인이 하겠다고 한 번 마음을 먹으면 절대 흔들림이 없습니다. 아무리 힘든 고비가 와도 묵묵히 참고 견뎌내죠. 그리고 결정적으로 강교수는 사람을 아우르는 힘이 있습니다. 그 힘은 부드러우면서도 굉장히 강합니다. 그런 재능들이 지금의 강교수를 있게 해 준 것입니다."라고 말씀하시며 "본인이 가지고 있는 재능들은 아무나 가질 수 있는 것이 아닙니다. 이러한 재능들을 박사 과정에서 마음껏 발휘해 보세요."라고 말씀하셨다. 순간 또

다시 내 머릿속이 하얘졌다.

멘토 선생님과 헤어지고 집으로 돌아오는 길에 곰곰이 생각했다. '고등학교 검정고시 출신인 내가 박사 과정을 밟으라고? 에이 말도 안 돼. 석사 논문 때문에 지친 나에게 상희 쌤께서 고생했다며 일부러 띄워주신 거 아닐까?, 아니야 진짜 그런 재능이 정말 있다면 가능할지도 몰라.' 등등 별의별 생각을 다했다. 성문화센터에서 멘토 선생님을 만난 후 내 인생은 많은 것이 달라져 있었다. 항상 내가 고민하고 방황할 때마다 스스로 올바른 선택을 할 수 있도록 도움을 주신 멘토 선생님은 나에게 등불과 같은 존재셨다. 또한, 나에게 너무나 많은 삶의 지혜를 알려주시고, 나를 배움의 길로 인도해주신 고마운 스승님이셨다. 차마 하늘과 같은 스승님의 말씀을 거역할 수 없었다. '그래, 나는 나를 믿는다.'라고 혼잣말을 했다. 다시 한 번 마음을 다잡고 박사 과정에 도전해 보기로 다짐했다.

MBA석사 과정 동안 총무의 역할이 주어졌다. 기수를 대신하여 이런저런 대외 활동을 하게 되어 부울경 MBA 모임에 참석하게 됐다. 부울경 MBA 모임은 졸업 후에도 원우님들과 함께 정보를 공유하는 일종의 사교 모임이다. 석사 졸업 후 앞으로의 진로에 대해 이런저런 대화를 나누던 중 경영컨설팅학 박사 과정에 대해 알게 됐다. 경영학을 기반으로 경영컨설팅 전문 인력을 양성하는 박사 과정으로 부산대학교에서 운영되고 있었으며 또한 MBA 출신 및 직장인을 우대한다고 했다. 갑자기 귀가 솔깃해지는 순간이었다. 박사 과정 관련 정보를 검색 후 다음날 관련 학과로 전화 문의를 했다. 원서 마감까지 시간이 얼마 남지 않은 상황이었다. 부산대학교 출신이셨던 석사 지도 교수님께 도움을 요청하기로 했다. 마침 지도 교수님은 논문 지도를 끝낸 후 연구년 기간이라 미국에 계셨다. 박사 과정을 지원할 수 있도록 지금의 상황을 정리하여 교수님께 메일을 보냈다. 며칠 후 교수님께서 "민정씨, 용기 있는 도전을 응원하겠습니다."라는 답장과 함께 박사 과정을 지원할 수 있도록 도와주시겠다는 답변을 주셨다.

사실 석사 지도 교수님의 연구 년이 끝나고 복귀하시는 2016년에 울산대학교 박사 과정에 도전할 예정이었다. 지도 교수님께서 미국으로 들어가시기 전 1년이라는 시간 동안 박사 과정을 준비하라는 의미에서 마케팅 원서를 전해주고 가셨다. 나는 틈틈이 공부를 하며 박사 과정을 준비하고 있었다. 2014년 8월 코스모스 졸업을 하고 여유 있는 시간을 보내고 있었다. 문득 '학교 안 가니 이렇게 마음도 편하고 시간의 여유도 생겨 좋은데 굳이 박사 과정 입문해 사서 고생을 해야 하나?'라는 생각이 들었다. 실로 2008년 울산과학대학 입학 후 6년 6개월 만에 누려보는 자유였다. '아, 너무 마음 편하고 좋다. 여기까지 온 것만으로도 충분하니 그냥 박사 과정 포기해 버릴까?', '아니야, 그래도 여기까지 왔는데 포기할 수는 없지.'라며 하루에도 몇 번씩 고민하고 또 고민했다. 그러다 어느 날, 시간이 지날수록 점점 나태해지는 내 모습에 이러다간 꿈을 포기해버릴 것만 같은 불안감이 생겼다. 이래서는 안 되겠다는 생각에 박사 과정에 대한 정보를 알아봤다. 이러한 상황을 지도 교수님께 솔직히 말씀드린 후 필요 서류를 메일로 주고받았다. 그 결과 우여곡절 끝에 박사과정을 지원할 수 있었다.

#

나의 의지로 바꿀 수 없는 것은 과감히 버리고, 오직 바꿀 수 있는 것에만 집중하는 것이 최고의 자기 계발이다. 이렇게 무엇이든 배우고자 하는 의지가 성공을 부른다.

MBTI 100%
활용하기

자신을 내보여라. 그러면 재능이 드러날 것이다.

— 발타사르 그라시안

MBTI는 개인의 성격특성을 파악하여 타인과의 행동 관계를 이해하도록 돕는 하나의 심리검사 도구이다. MBTI는 Myers-Briggs Type Indicator의 약어로, 스위스 정신분석학자인 카를 융의 심리유형론의 이론적 근거로, 마이어스와 브릭스 모녀의 20년에 걸친 광범위한 연구를 통해 1943년 처음으로 개발된 심리도구 검사지이다. MBTI는 성격유형을 결정하는 4가지 요소, 즉 첫째, 에너지 방향(E-I), 둘째, 정보 인식 기능(S-N), 셋째, 의사 결정 판단 기능(T-F), 넷째, 라이프 스타일(J-P)을 개인이 쉽게 응답할 수 있도록 자기 보고 문항 형식을 취한다. MBTI는 이렇게 4가지 요소를 토대로 자신이 선호하는 경향들이 실생활의 행동에서 어떤 영향을 끼치는가를 파악하여 실생활에 직접 응용하는 심리검사 도구이다. 사람의 외모가 다르듯이 개인의 성격은 모두 다르다. 그러한 성격은 무의식적으로 일상생활의 말과 행동으로 나타나므로, 사람의 성격을 판단하는 데 있어 중요한 요인이 된다. 현재까지 MBTI는 80년 동안 지속적인 연구 및 발전을 거듭하여 전 세계적으로 연간 200만 명 이상에게 사용되는 심리 검사 중 하나로 평가받고 있다. ≪포춘≫에 선정된 100대 기업 중 40% 이상 기업에서 고객 접점 종사원부터 CEO까지 구직자를 평가하기 위한 방법으로 성격유형 검사를 이용하고 있으며, 국내에서도 가장 많이 쓰이는 성격 진단도구이다. MBTI는 일정한 검사를 통해 개인의 성격특성 유형을 파악하여 자기 이해를 돕는 도구이며, 좀 더 나아가 타인과의 행동 관계를 이해하도록 돕는 심리활용 도구이기도 하다. MBTI 검사 시 주의할 점은 반드시 상대방의 유형을 서로 파악하여 배려하는 용도로 활용되어야 하며, 상대방을 판단하는 도구로 사용되어서는 안 된다는 점이다.

MBTI 성격유형 분석의 네 가지 분류 지표는 상반되는 성향으로 분류된다.

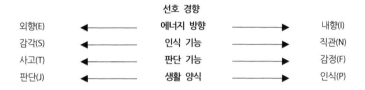

첫 번째는 일상생활의 에너지 방향성을 나타내는 외향(E)-내향(I) 지표이다. 에너지의 원천과 에너지를 어떤 방향으로 쏟느냐를 나타내는 태도 지표로서 보통 외향형((Extraversion) 또는 내향형(Introversion)이라 일컫는다. 외향형(E)은 타인 중심적이며 외부의 사람과 사물에서 에너지를 얻고 그에 집중하므로 외부 환경에 잘 적응한다. 끊임없이 외부 세계에 관심을 두며 사교적으로 흥미 영역을 넓혀 나간다. 이와 반대로 내향형(I)은 자기중심적이며 생각과 사색을 통하여 자신의 내부 세계에 집중한다. 이들은 절제력과 자립심이 강하며, 겉으로 잘 드러내지 않고 자신만의 영역을 넓혀나간다.

본인이 외향형인지 내향형인지 판별하기 위해 아래의 표를 참고하여 다음의 질문을 해보자.

나에게 활력을 주는 요소는 무엇인가?

- 외부 활동을 통한 다양한 사람들과의 교제인가?
- 내부 활동을 통한 혼자만의 조용한 사색인가?

나는 어떤 에너지 경향을 선호하는가?

- 사람과 사물이 키워드로 활용되는 외부 세계인가?
- 생각과 사색이 키워드로 활용되는 내부 세계인가?

요소	외향(E)	내향(I)
에너지 방향	외부 세계로부터 활력을 얻음	내부 세계에 주의를 집중
언어 표현	말수가 많고 밖으로 빠르게 표현	말수가 적고 속으로 생각하여 느리게 표현
감정 표현	풍부하고 솔직함	감정을 쉽게 드러내지 않음
사고방식	먼저 행동한 후 생각하거나 행동을 통해 결론을 냄	먼저 생각해 보면서 결론을 낸 이후에 행동으로 옮김
환경구축 방식	다른 사람에게 접근함으로써 자신의 환경을 넓혀나감	다른 사람을 멀리하면서 자신의 환경을 방어적으로 구축
의사소통 방식	직접 얼굴을 맞대고 대화하는 것을 선호	메모나 이메일 등 글을 통해 의사를 표현하는 것을 선호
행동 양식	다양한 것에 관심이 많고 매사 적극적이며 활동적	사색적으로 자신이 좋아하는 일에 집중하는 것을 좋아하며 비활동적
행동 속도	빠르게 행동으로 실천	느리고 신중하게 행동
대인관계	사교적이며 폭넓고 얕은 인간관계를 유지	조용하고 좁고 깊은 인간관계를 유지

출처: 조성환(2002), 성격; MBTI와 Jung의 심리학, 서울: 한림미디어, 33-46.

두 번째로는 정보 수집을 포함한 인식 기능을 나타내는 감각(S)-직관(N) 지표이다. 일상생활에서 정보를 인식하고 받아들이는 방법의 차이를 알아보는 지표로, 감각형(Sensing) 또는 직관형(iNtuition)이라 일컫는다. 우리는 매일 엄청난 양의 정보와 지식을 받아들이며 살아간다. 이러한 상황에서 감각형(S)은 구체적이고 사실적인 현실을 바탕으로 현재에 집중하고, 오감(시각, 청각, 촉각, 미각, 후각)을 통해 결론에 접근한다. 이와 반대로 직관형(N)은 창의력과 상상력이 뛰어나며 미래의 가능성에 집중한다. 또한, 영감을 믿으며 예감을 통해 결론에 접근한다.

본인이 감각형인지 직관형인지 판별하기 위해 아래의 표를 참고하여 다음의 질문을 해보자.

나는 어떤 방식으로 정보를 수집하기를 선호하는가?
- 나의 직접 경험을 신뢰하는가?
- 나 아닌 타인의 경험을 신뢰하는가?

나는 어떤 사람으로 인식되고 있는가?
- 나는 현실적이고 실용적인 사람이다.
- 나는 상상력이 뛰어나고 창의적인 사람이다.

요소	감각(S)	직관(N)
인식 기관	오감에 의존해 정보를 받아들임	육감·영감에 의존해 정보를 받아들임
인식 내용	눈에 보이는 정확한 실제와 실용적인 문제를 인식	유추하고 통찰하여 현상의 변화·발전 가능성을 인식
인식 방법	구체적·개별적 속성을 관찰하면서 전체를 파악	전체를 파악하고 구체적·개별적 지속성을 관찰
현실성	현실주의자이며 현재 경험에 초점	이상주의적 개혁자이며 미래 지향적
사고 경향	직선형	나선형

요소	감각(S)	직관(N)
추리 방법	귀납법	연역법
언어표현 방식	사실적·통속적으로 설명하고 분석하는 표현 방식을 선호	추상적·은유적·비유적·암시적·상징적인 언어표현 방식을 선호
일 처리 방식	단계에 따라 정확하고 철저하게 일 처리	비약적으로 신속하게 일 처리

세 번째는 수집한 정보를 토대로 합리적으로 판단하고 결정 내리는 사고(T)-감정(F) 지표이다. 일상생활에서 의사 결정을 내리는 법 즉, 결론에 도달하는 방법의 차이를 알아보는 지표로, 사고형(Thinking) 또는 감정형(Feeling)이라 일컫는다. 우리는 개인적인 느낌, 가치관에 따른 논리적인 분석을 통해 의사를 결정한다. 이러한 상황 속에서 사고형(Thinking)은 원리 원칙을 추구하며 논리적이고 분석적으로 문제를 해결한다. 또한, 인과관계를 중시하며 강인한 정신력의 소유 자이다. 이와 반대로 감정형(Feeling)은 공감적이며 우호적으로 사람 들에게 미칠 영향을 고려한다. 개인적 가치를 중시하는 따뜻한 마음 의 소유자이다.

본인이 사고형인지 감정형인지 판별하기 위해 아래의 표를 참고 하여 다음의 질문을 해보자.

나는 어떤 방식으로 의사 결정을 내리는가?
- 나는 객관적으로 의사를 결정하는가?
- 나는 주변 상황을 고려하여 의사를 결정하는가?

나는 어떤 사람으로 평가받고 싶은가?
- 나는 이성적이며, 논리적이고 분석적인 사람이다.
- 나는 감정적이며, 따뜻하고 감성적인 사람이다.

요소	사고(N)	감정(F)
판단 기준	원리 원칙과 규정을 중시	상대방의 감정이나 가치, 나에게 미치는 영향을 중시
판단 내용	옳고 틀린 것을 우선적으로 판단	좋고 나쁜 것을 우선적으로 판단
판단 방법	사실에 초점을 두고 객관적·합리적으로 공정하게 의사 결정	사람과의 조화로운 관계에 초점을 두고 상황에 따라 의사 결정
대인관계	회의적·사무적으로 상대방의 결점을 지적할 수 있으며, 타인과의 갈등에 잘 대처함	가급적 수용적이고 우호적으로 협조하는 편이며 타인과의 갈등을 잘 견디지 못함
언어표현 방식	감정이 배제된 이성적인 언어를 사용	감정이 개입된 정서적인 언어를 사용
일 처리 방식	단계에 따라 정확하고 철저하게 일 처리	비약적으로 신속하게 일 처리

마지막으로 네 번째는 인식 기능과 판단 기능이 실생활에 적용되어 나타나는 생활 양식인 라이프 스타일을 보여주는 판단(J)-인식(P)지표이다. 일상생활에서 세상을 꾸려가는 방식, 즉 라이프 스타일의 차이를 알아보는 지표로, 판단형(Judging) 또는 인식형(Perceiving)이라 일컫는다. 판단형(Judging)은 체계적이며 계획적으로 삶을 조직화한다. 또한, 일이 결정되길 바라며 장·단기 계획을 잘 세운다. 이와 반대로 인식형(Perceiving)은 여러 가지 일을 동시에 진행하며 즉흥적이다. 또한, 일을 유연하게 처리하며 융통성이 있게 상황에 따라 대처한다.

본인이 판단형인지 인식형인지 판별하기 위해 아래의 표를 참고하여 다음의 질문을 해보자.

나는 어떤 방식으로 외부 세계에 대처하는가?

- 나는 대부분의 결정을 빠르고 신속하게 내리는가?
- 나는 결정을 내리기가 불안하고 신중한가?

나는 평소 어떻게 시간을 활용하는가?

- 나는 정해진 약속 시각을 잘 지키는 편인가?
- 나는 약속 시각에 5~10분 지각을 하는 편인가?

요소	판단(J)	인식(P)
계획성	사전에 구체적인 계획을 수립하고 정해진 기준에 따라 업무를 수행	사전에 계획을 세우지 않고 상황·재량에 따라 문제를 해결
목적의식성	분명한 목적의식과 방향감각	목적에 대한 방향은 변화 가능
행동 방식	구조적·논리적으로 사고하여 규칙적으로 질서정연하게 행동	즉흥적·충동적으로 산만하게 행동
판단 속도	신속하게 결정을 내리고 행동으로 옮김	최종 결정을 내리기 전까지 가급적 많은 정보를 받아들임
의사소통 방식	기승전결이 분명하여 결론을 효율적으로 이끌어내는 의사소통 방식을 선호	대화 도중 주제를 벗어나도 크게 개의치 않으며, 자유분방한 의사소통 방식을 추구
일 처리 방식	한 가지 일을 마친 후 다음 일을 시작하는 편이며, 통제 및 조정하면서 일을 체계적으로 진행	한 가지 일을 하다가 다른 일을 하게 되면 금방 적응하는 편이며, 자율·개방·융통성 있게 업무 진행

#

MBTI 성격유형 중 S와 N 유형은 사람과 상황을 갈라놓는 장벽이다. - Myers

성격은 관계다. 사랑, 학업, 결혼, 직장 등 매사에 밀접한 관련이 있으며, 개인의 성격특성은 틀림이 아니라 다름이다.

16가지의
성격유형

우리는 가지고 있는 15가지 재능으로 칭찬받으려 하기보다,
가지지도 않은 한 가지 재능으로 돋보이려 안달한다.

－ 마크 트웨인

같은 유형에 속한 사람들은 일반적인 특징 및 습성 등 수많은 공통점을 가지고 있다. 예를 들어 좋아하는 취미나 운동 등 다양한 분야에서 교집합 되는 부분을 쉽게 찾을 수 있다. 하지만 같은 유형이라고 해서 정확히 일치하거나 완전히 똑같은 사람은 없으며 예상외로 서로 다른 성격유형을 가진 사람 사이에서 공통점이 발견되는 경우도 있다. 나와 똑같은 성격이 있을까? 단언컨대 세상에 단 한 사람도 없을 것이다. 혹시 형제, 자매가 있다면 한번 생각해 보시라. 같은 부모님의 유전자를 받고 세상에 태어나, 같은 음식을 먹고, 자라온 환경도 똑같지만 성향이 다르다는 것을 알 수 있다. 저자 역시 삼남매이지만 언니와 동생 성격이 모두 다르다. 오죽하면 어머니께서 "내가 낳았는데 어찌 그리 성격이 다른고…"라고 하셨을까? 이처럼

성향은 개개인이 가진 특성과 성격에 따라 다르게 나타난다. 사람의 외모가 다르듯, 사람의 성격도 모두 다르다. 성격은 좋고 나쁨으로 판단하는 것이 아니라 단지 다를 뿐이다.

모든 사람은 자신만의 성격유형을 지니고 태어난다. 각 성격유형은 무의식적으로 반복되는 행동 패턴을 지니고 있다. 그 패턴은 MBTI 성격유형의 네 가지 선호지표에 따라 자연스럽게 끌리는 것, 가장 발달한 것, 가장 부각되는 것으로 분류되며, 그 특징에 따라 MBTI의 16가지 유형으로 나뉘게 된다. 이러한 MBTI는 자신의 성격유형을 파악하는 데 있어 도움을 주는 심리검사 도구이다. MBTI의 16가지 유형은 다음과 같다.

MBTI의 외향형 유형 8가지

- ESTP: 매우 활동적인 유형. 에너지 방향을 밖으로 활용하며, 열정적이고 유연한 생활 양식을 사용하는 유형이다.
- ESFP: 에너지를 밖으로 활용하며, 감정이 풍부하게 활용한다. 사람들과 어울림을 좋아하는 대인관계가 높은 유형이다.
- ENFP: 에너지 방향을 밖으로 사용하며 활동적이다. 직관에 의해 정보를 인식하고, 감정이 풍부하며 포용력이 강한 유형이다.
- ENTP: 에너지 방향을 외부로 사용하며, 직관적인 정보 수집 및 사고 중심으로 판단한다. 유연한 생활 양식을 선호하고, 창의적인 활동을 하는 유형이다.
- ESTJ: 수완이 좋고 오감으로 직접 느끼면서 얻은 정보를 정확하게 가공한다. 또한, 이를 열정적으로 활용할 줄 아는 유형이다.
- ESFJ: 사람들과의 관계 형성을 좋아하고, 어울리는 것을 좋아하는 유형이다.
- ENFJ: 직관으로 수집한 정보의 옳고 그름을 판단한다. 사람들과 소통하고, 강연하기를 선호하는 유형이다.
- ENTJ: 리더십이 강해 앞에서 이끄는 것을 좋아하는 유형. 나무보다는 숲을 보는 직관과 이를 명확하게 정의 내릴 수 있는 판단력을 지니고 있다.

MBTI의 내향형 유형 8가지

- ISTJ: 에너지 방향을 내적으로 사용한다. 정보를 오감에 의지해 수집하며, 감성보다는 현상에 대해 판단하는 유형이다.
- ISFJ: 에너지 방향을 내적으로 사용하며, 오감에 의지해 정보를 수집한다. 감성적이며 옳고 그름에 대해 인식하는 유형으로서, 나서지는 않은 조력자 역할을 한다.
- INFJ: 에너지 방향은 내적으로 사용하며, 직관적이고 감성이 풍부하다. 생활 양식은 매우 정확함을 선호하는 유형이다. 미래 지향적이며 생각이 많다.
- INTJ: 에너지 방향을 내적으로 사용하며, 연구를 좋아하는 유형이다. 차분하고 직관적인 사고로 정보를 수집하며, 명확하게 정의하는 것을 선호한다.
- ISTP: 유연한 생활 방식을 통해 많은 정보를 습득한다. 사고 중심으로 자신이 오감으로 알게 된 정보를 활용하는 유형이다.
- ISFP: 사람과의 관계를 유연하게 하면서 에너지 방향을 밖으로 사용하지 못한다. 다른 사람의 마음 헤아림을 내적으로 갖는 유형이다.
- INFP: 희생정신과 명예에 대한 강한 선호를 지녔다. 에너지 방향이 내적이며, 뚜렷한 목표가 있다면 행동으로 옮길 줄 아는 유형이다.
- INTP: 사고의 유연함이 높아 풍부한 생각을 갖고 있는 유형이다.

		감각형(S)		직관형(N)	
		사고(T)	감정(F)	감정(F)	사고(T)
내향 (I)	판단형 (J)	**ISTJ** 청렴결백한 논리주의자 I - 깊이와 집중력 S - 실용적 현실감각 T - 논리와 분석력 J - 조직력	**ISFJ** 용감한 수호자 I - 깊이와 집중력 S - 실용적 현실감각 F - 온화와 인정 J - 조직력	**INFJ** 선의의 옹호자 I - 깊이와 집중력 N - 가능성 포착 F - 온화와 인정 J - 조직력	**INTJ** 용의주도한 전략가 I - 깊이와 집중력 N - 가능성 포착 T - 논리와 분석력 J - 조직력
	인식형 (P)	**ISTP** 만능재주꾼 I - 깊이와 집중력 S - 실용적 현실감각 T - 논리와 분석력 P - 적응성과 융통성	**ISFP** 호기심 많은 예술가 I - 깊이와 집중력 S - 실용적 현실감각 F - 온화와 인정 P - 적응성과 융통성	**INFP** 열정적인 중재자 I - 깊이와 집중력 N - 가능성 포착 F - 온화와 인정 P - 적응성과 융통	**INTP** 논리적인 사색가 I - 깊이와 집중력 N - 가능성 포착 T - 논리와 분석력 P - 적응성과 융통

		감각형(S)		직관형(N)	
		사고(T)	감정(F)	감정(F)	사고(T)
외향 (E)	인식형 (P)	ESTP 모험을 즐기는 사업가 E - 폭넓은 활동력 S - 실용적 현실감각 T - 논리와 분석력 P - 적응성과 융통성	ESFP 자유로운 영혼의 연예인 E - 폭넓은 활동력 S - 실용적 현실감각 F - 온화와 인정 P - 적응성과 융통성	ENFP 재기발랄한 활동가 E - 폭넓은 활동력 N - 가능성 포착 F - 온화와 인정 P - 적응성과 융통성	ENTP 뜨거운 논쟁을 즐기는 변론가 E - 폭넓은 활동력 N - 가능성 포착 T - 논리와 분석력 P - 적응성과 융통성
	판단형 (J)	ESTJ 뛰어난 사업가 E - 폭넓은 활동력 S - 실용적 현실감각 T - 논리와 분석력 J - 조직력	ESFJ 사교적인 외교관 E - 폭넓은 활동력 S - 실용적 현실감각 F - 온화와 인정 J - 조직력	ENFJ 정의로운 사회운동가 E - 폭넓은 활동력 N - 가능성 포착 F - 온화와 인정 J - 조직력	ENTJ 대담한 통솔자 E - 폭넓은 활동력 N - 가능성 포착 T - 논리와 분석력 J - 조직력

네 가지 유형으로 알아보는
강점 성격(심리적 기능)

목표를 정하고 아주 단호하게 그것을 추구한다면 당신의 재능이
자신도 놀랄 만큼 높은 곳으로 당신을 데려다줄 것이다.

- 레스 브라운

MBTI 심리적 기능이란 개인이 외부와 상호 작용하는 데 있어서
개인의 고유한 반응 양식을 의미한다. 또한, 심리적 기능은 일관된
내재적 심리 경향으로서 성격유형 연구에 따르면 사람의 성격은 환
경, 경험 및 개개인의 목표에 영향을 미친다고 한다. 인간 행동의 다
양성은 개인의 인식(Perception)과 판단(Judgement)의 특징이 다르기
때문이며, 이에 따라 각각의 성격유형은 특정 상황에 처했을 때 어
떠한 선호 경향을 보이는지 어느 정도 예측할 수 있다. 심리적 기능
은 MBTI 성격유형 지표의 세로축을 기준으로 구분하는 것으로, 인
식 기능(S, N)과 판단 기능(T, F)을 조합하여 ST, SF, NT, NF 유형
으로 구분한다.

ST(감각적 사고형) - 실질적 사실적 유형으로 ISTJ, ISTP, ESTP, ESTJ유형이 속함.
SF(감각적 감정형) - 동정적 우호적 유형으로 ISFJ, ISFP, ESFP, ESFJ유형이 속함.
NF(직관적 감정형) - 열정적 통찰적 유형으로 INFJ, INFP, ENFP, ENFJ유형이 속함.
NT(직관적 사고형) - 논리적 창의적 유형으로 INTJ, INTP, ENTP, ENTJ유형이 속함.

첫째, 실질적이고 사실적인 ST(감각적 사고형) 유형은 인식할 때 주로 감각에 의존하고, 판단할 때에는 주로 사고를 사용하며 사실에 관심을 둔다. 사실은 (보고, 듣고, 만지고, 세고, 무게를 재고, 측정하는) 감각을 통해 수집하고 증명할 수 있기 때문이다. ST 유형은 수집된 사실을 바탕으로 의사 결정을 내릴 때도 인정에 얽매이지 않고 논리적인 분석을 사용한다. ST 유형이 신뢰하는 것은 사고로서, 원인에서 결과, 가정에서 결론에 이르기까지의 단계적이고 논리적인 추리 과정을 선호하기 때문에 실질적이며 사실적이다. 유형이론을 바탕으로 하여 어울리는 직업은 구체적 사실에 대한 냉정한 분석이 요구되는 경제, 경영, 법률, 회계, 생산, 서비스 관리직, 외과 의사 등으로, ST 유형은 이런 분야에서 만족을 느끼며 성공할 가능성이 높다. MBTI 성격유형 지표에 따라 ISTJ, ISTP, ESTP, ESTJ 유형이 ST 기능에 속한다.

둘째, 동정적이고 우호적인 SF(감각적 감정형) 유형은 ST 유형과 마찬가지로 인식할 때 주로 감각에 사용하지만 판단할 때는 감정을 선호한다. SF 유형은 감각을 통해 직접 수집할 수 있는 사실에 관심을 기울이나, 의사 결정 시에는 개인의 주관 및 개인적인 온정을 바탕으로 결정을 내린다. 결정을 내릴 때 주관성과 온정을 중시하는 이유는 감정을 신뢰하기 때문이고, 사실보다는 사람에 더 큰 관심을 두기 때문이다. 유형이론을 바탕으로 SF 유형은 구체적인 상황과 본

연의 온정을 펼칠 수 있는 분야인 서비스업, 초등교육, 간호사, 소아과 의사, 보육교사 등 직접 대면 서비스가 가능한 분야에서 만족을 느끼며 빛을 발할 수 있다. MBTI 성격유형 지표에 따라 ISFJ, ISFP, ESFP, ESFJ 유형이 SF 기능에 속한다.

셋째, 열정적이고 통찰적인 NF(직관적 감정형) 유형은 SF 유형과 마찬가지로 판단 시 감정의 기능을 사용하는 온정의 소유자이다. 그러나 인식할 때는 감각보다 직관을 선호하기 때문에 구체적인 상황에는 관심을 두지 않는다. 그 대신 새로운 프로젝트와 새로운 가능성에 관심이 많다. NF 유형은 직관을 사용하기에 상징적 의미, 이론적 관계 등에 관심이 많으며, 복잡한 커뮤니케이션을 선호한다. 또한, 판단 기능은 감정을 사용하므로 온정과 헌신으로 가능성을 추구하며 통찰력이 있으면서도 정열적이다. NF 유형 중에는 말이나 문자에 특별한 재능을 지닌 이가 많으며, 가능성을 가진 가치를 전달하는 데 뛰어난 능력을 지닌 이도 많다. 유형이론을 바탕으로 NF 유형은 그들의 가능성을 펼칠 수 있는 IT, 상담, 연구, 집필, 연구 등의 분야에서 성공을 거둘 확률이 높다. MBTI 성격유형 지표에 따라 INFJ, INFP, ENFP, ENFJ 유형이 NF 기능에 속한다.

넷째, 논리적이며 창의적인 NT(직관적 사고형) 유형은 NF 유형과 함께 직관을 사용한다. 그러나 판단할 때는 사고의 객관성을 중시한다. NT 유형 역시 가능성, 이론적 관계에 초점을 맞추지만, 판단 시에는 인정에 얽매이지 않는 객관적이며 합리적인 분석에 바탕을 둔다. NT 유형은 논리적이며 영리하다. 그들은 과학적 연구, 수학, 복잡한 재무 또는 기술직 및 행정적 분야의 개발과 같이 특별한 관심을 가진 분야에서 문제해결 능력을 발휘할 수 있다. MBTI 성격유형 지표에 따라 INTJ, INTP, ENTP, ENTJ 유형이 NT 기능에 속한다.

	ST 감각적 사고형	SF 감각적 감정형	NF 직관적 감정형	NT 직관적 사고형
주의 집중	사실	사실	가능성	가능성
적용 경향	사실과 경험을 적용하는 상황	날마다 사람들의 관심사를 접하는 상황	사람들의 열망을 이해하는 상황	이론적 개념을 발달시키는 상황
능력 분야	일상의 과업과 관련된 사실, 객관성을 가진 기술적 분야	사람들의 일상적인 관심사를 위한 봉사 및 실제적 도움	다른 이와 소통하고 사람을 이해하는 분야	모델을 지닌 이론적인 기술 발달 분야
가능한 분야	사업, 행정, 법, 회계, 생산직, 관리직, 건축, 응용과학	지역 봉사, 판매, 교직, 의료, 감독, 사무직, 종교 봉사	사회과학, 치료, 연구, 문학, 음악, 예술, 교직, 종교, 봉사, 의료, 심리	순수과학, 연구, 관리직, 기술직, 컴퓨터, 법, 엔지니어
문제해결	원인과 결과에 대한 단계적이고 객관적인 분석	결과가 지닌 사실의 가치를 단계적이고 개인적으로 고려	결과가 지닌 가치의 가능성에 대해 통찰하는 개인적인 고려	원인과 결과가 지닌 가능성에 대해 통찰하는 객관적 분석

\#

공감 능력이란? 상대의 성향이나 지금의 상황, 심리적 상태 등을 읽음으로써 한계를 느끼고, 그것을 표현하는 것.

CHAPTER 4

강점을 알면
성공이 보인다

나만의 강력한
무기는 강점이다

인생에서 진짜 비극은 천재적인 재능을 타고나지 못한 것이 아니
라, 이미 가지고 있는 강점을 제대로 활용하지 못하는 것이다.

– 벤저민 프랭클린

외부 활동을 통해 사람들과의 교류 활동을 선호하며 대화를 좋아하는
나에게 세일즈는 천직이었다. 세일즈는 자유로운 시간과 함께 수준 높
은 교육의 기회를 제공해 주었으며 다양한 계층의 사람을 만나면서
많은 걸 배울 수 있는 최고의 직업이다. 또한, 고객 상담을 통해 눈
높이에 맞는 서비스를 제공하고 이로 인해 고객이 만족할 때면 나
역시도 뿌듯함을 느꼈다. 게다가, 나는 삼십 대 초반의 최연소 팀장
으로 직장에서도 인정받고 있었기에 '이렇게 세일즈처럼 좋은 직업
은 어디에도 없으니 여기서 뼈를 묻겠어.'라고 다짐했었다. 아무리
생각해도 이보다 좋은 직업은 없었다. 그러던 어느 날 세일즈보다
더 재미있는 일을 찾게 되었는데 그것은 바로 '강의'였다. 매력에 푹
빠지게 되었고, 그로 인해 새로운 꿈이 생겼다. 하지만 시간이 지날

수록 나의 역량에 대한 부족함을 느꼈다. 역량 개발을 위해 스펙과 전문 지식을 쌓고자 꾸준히 공부했다. 그러던 어느 날 석사 과정을 앞두고 멘토 선생님의 권유로 MBTI 공부를 하게 되었으며, 이를 통해 강의에 대한 꿈을 가지게 되었다.

사실 필자 역시 MBTI를 공부하기 전까지 '내가 좋아하는 게 뭐지? 그리고 내가 잘하는 게 뭘까?'라는 고민을 수도 없이 했다. 이런 고민을 할 때마다 '앞만 보고 열심히 살았는데 지금까지 무엇을 한 거지?'라는 생각에 좌절하기도 했다. 때로는 예상치도 못한 상황에서 상처가 되는 말을 들을 때면 '나한테 왜 저러지? 내가 뭘 잘못했나?'라는 생각에 혼자서 속앓이를 했다. 하지만 MBTI 공부를 하면서 내가 잘하는 것과 좋아하는 것을 알게 되었고, 하고 싶은 일을 찾게 되었다. 그렇게 MBTI 공부를 통해 심리적으로 내면의 '나'를 마주하게 되면서 진정한 '나다움'을 발견하게 된 것이다.

사람은 누구나 하나의 인격체로서 자신만의 성격을 가지고 태어나며 성장하는 과정에서 자신만의 성격유형을 형성해 나간다. MBTI의 가장 큰 매력은 자신도 몰랐던 성격유형 속 재능을 발견할 수 있다는 것이다. 재능은 나에게 동기를 부여하고, 나를 움직이는 욕구에 기반한 특징이자 잠재력을 뜻한다. 자신이 '좋아하는 일'을 끊임없는 훈련을 통해 잘하게 되면 '재능'이 된다. 이렇게 재능은 노력하는 것으로서 자신이 좋아하고, 자신에게 맞는 일을 찾아야 한다. 타인의 재능을 빌리면 일시적으로 반쪽만 발휘할 수밖에 없다. 현대는 재능을 중요시하는 사회이다. 꿈을 찾기 위해서는 단순한 노력만으로는 부족하며 자신만의 특별한 무기가 필요하다. 자신의 강점 성격을 세밀히 파악하고 개발하는 일이 그 무엇보다 중요하다.

지피지기면 백전불태(知彼知己 百戰不殆)라는 명언이 있다. 상대를 알고 나를 알면 백 번 싸워도 위태롭지 않다는 뜻으로, 상대와 나의 약점·강점을 충분히 알면 위태로울 것이 없다는 의미이다. 오늘날 우리는 전쟁 같은 일상을 살아가고 있다. 아니 매일 매일이 전쟁이다. 흔히들 전쟁에 나가기 위해선 무기가 필요하다고 한다. 하물며 일상생활 속에서 흔히 이루어지는 SNS 활동과 스마트폰 게임에서조차도 아이템이 필요하다. 하지만 우리는 일생을 살아가면서 자신만의 아이템을 준비할 생각조차 하지 못할 때가 많다. 가끔은 자신이 가는 길을 멈추고 스스로를 돌아봐야 한다. 그리고 '나의 꿈은 무엇인가? 꿈을 이루기 위해 어떤 강력한 무기를 지녔는가?' 혹여 꿈이 없다면, '앞으로 나의 꿈은 무엇인가'라고 스스로에게 질문해야 한다. 그리고 자신만의 아이템을 찾아야 한다. '꿈'을 찾기 위해서 자신의 강력한 아이템이 필요하며 그 꿈을 이루기 위해서 반드시 필요한 성공 키워드가 바로 '강점 성격'이다.

앞서 언급했듯이 사람은 누구나 자기만의 성격을 지니고 있으며, 자신의 성격을 잘 안다고 생각한다. 물론 성격을 제대로 알고 있다는 것은 매우 중요한 일이다. 하지만 성격을 알고 있는 것보다 더욱 중요한 것은 자신의 강점 성격을 파악하고 그것을 제대로 활용하는 것이다. 강점 성격은 재능에 노력을 더해 성과를 내는 역량으로, 꿈을 이루기 위해서 반드시 필요한 성공 키워드이다. 필자의 MBTI 성격유형은 ESTJ이다. ESTJ 유형은 목표 지향적이며, 객관적이고 체계적인 문제해결 과정을 선호하며, 결과 중심적이다. 또한, 책임감이 강하고 조직화 능력이 뛰어나다. 빠른 결단력과 자신감이 넘치는 특징을 가지고 있다. ESTJ 유형의 강점 키워드는 추진, 계획, 논리, 리

더, 정확, 체계, 속도, 조직, 책임, 결정이다. 필자는 끊임없는 자기계발을 하며 MBTI라는 심리도구를 이용하여 '성취'라는 성공 키워드를 발견하게 됐다. 비로소 나만의 가장 강력한 무기를 발견하게 된 것이다. 혹여나 꿈이 없거나, 자신의 달란트가 무엇인지 몰라 고민이라면 걱정하지 않아도 된다. 아직 늦지 않았으니 지금부터 자신의 달란트를 찾으면 된다. 자신의 재능을 더 이상 내면 깊은 곳에 숨겨두지 마라. 달란트는 쓰기 위해 자신에게 주어진 것이다. 다양한 경험을 통해 내가 무엇을 할 때 즐거워하고 의미를 부여하는지 알 수 있다. 그러한 경험을 통해 자신만의 달란트를 발견하고, 자신만의 강점 성격을 무기로 활용하면 된다. 필자 역시 MBTI라는 심리도구를 이용하여 개인의 성격특성을 파악한 후, 나만의 강점 성격이라는 성공 키워드를 발견할 수 있었다. 그리고 꿈을 이루기 위해 이를 적극적으로 활용한 결과 정확히 10년 뒤 꿈을 이룰 수 있었다.

#
어떤 강점이 주어졌느냐보다 어떻게 강점을 활용하느냐가 중요하다.
강점 발견을 위한 5가지 질문
1. 내가 받은 최고의 칭찬은 무엇인가?
2. 내가 가장 좋아하는 것은 무엇인가?
3. 내가 가장 잘하는 것은 무엇인가?
4. 내가 정말 원하는 것은 무엇인가?
5. 내가 가장 재미있는 것은 무엇인가?

강점을 개발해야
하는 이유

사람들은 자신이 무엇을 잘하는지 안다고 생각하지만 대개 잘 모른
다. 강점이 우리가 하는 모든 행동의 기반이 되는데도 말이다.

― 피터 드러커

　글로벌 리서치 기관인 갤럽에서 30년 동안 실시해온 조사에 따르
면, 자신의 강점과 행동을 이해하는 사람이 가장 유능한 사람이라고
하였다. 자신을 이해하는 사람들은 일상생활, 사회 활동, 가족 등 관
계에 따라 자신에게 필요한 전략을 적절히 구사할 수 있기 때문이
다. 또한, 강점 개발이 중요한 이유는 자신이 습득한 지식과 기술을
검토하면 자신의 능력을 기본적인 수준에서 이해할 수 있지만, 자신
의 타고난 성향을 인지하고 이해하면 성공을 뒷받침하는 핵심적인
이유를 정확히 파악할 수 있게 된다. 나아가 자신의 대표 성향은 성
공을 이끄는 소질을 최대한 개발하는 데 있어 매우 중요한 요소이
다. 대표 성향을 집중적으로 개발 및 파악하여 자신의 강점 성격을
개발하고 활용함으로써 꿈을 이룰 수 있다. 만약 누군가가 당신에게

"당신의 강점은 무엇입니까?"라고 갑자기 질문을 한다면 이에 즉시 답을 할 수 있는가? 반대로 "당신의 약점은 무엇입니까?"라고 질문 한다면 당신은 반응은? 대부분 사람은 자신의 강점을 말하기보다 단 점을 말하는 것이 더 쉬울 것이다. 이는 자신의 강점을 어필하면 자 칫 '잘난 척'으로 오해하는 주위의 편견과 반대로 단점을 스스로가 밝히면 '겸손'이라고 여기는 잘못된 인식의 영향 때문이다. 강점은 반복되어 나타나는 자연스러운 이끌림 현상이다. 자신의 재능에 조 합이라는 노력의 결실이 더해져 만들어진 역량으로, 이는 결정적 순 간에 강점 성격으로 만들어진다. 강점 성격은 우리가 생각하고 느끼 며 행동하는 방식에 많은 영향을 미친다. 대부분 사람은 인생에서 강점보다 약점을 보완하기 위해 많은 시간을 들인다. 실제로 재능의 부족함을 극복한 사람들의 이야기가 책이나 영화 등으로 감동을 전 해주며 우상화되고 있으며, 부족한 능력을 극복해야만 성공한 사람 으로 간주하기 때문이다.

필자 역시 약점을 보완하기 위해 무던히 노력했다. 학창 시절 학습 부진아로 매번 나머지 공부하기 일쑤였다. 특히 수학 과목이 항상 발 목을 잡았다. 유난히 다른 과목에 비해 많은 시간을 들여 예습·복 습을 하고 심지어 부모님께서 개인 과외까지 시켜주셨지만, 성적은 크게 나아지지 않았다. 오히려 많은 시간을 노력 했음에도 불구하고 성적이 오르지 않자 흥미를 잃어 결국 수·포·자가 되어버렸다. 수 학이라는 학문 자체가 기초를 튼튼히 다져야 하는데, 필자는 성적 올리기에 급급했던 것이다. 서른이라는 뒤늦은 나이에 공부를 시작 하면서도 수학은 항상 고민거리였다. 특히 경영학을 전공하면서 재 무관리와 회계원리 수업은 고난의 연속이었으며, 오죽하면 포기할까

하는 고민까지 했다. 수년간 땀 흘렸던 노력을 간과할 수 없었기에 오랜 고민 끝에 생각을 바꾸기로 했다. 약점을 보완하는 대신 강점을 강화하기로 한 것이다. 호기심이 많고 도전적이며 활동적인 성격을 가진 나는 마케팅 과목을 전공으로 선택했다. 시대의 흐름에 맞게 빠르게 변화하는 마케팅 시장은 새로운 흥미를 안겨 주었으며 다양한 마케팅 기법은 나를 더 설레게 했다. 목표 달성을 위해 강점을 강화하겠다는 예상은 다행히 적중했다. 박사학위를 취득하게 된 것이다. 내가 만약 대학원 시절 재무와 회계에 부족함을 느껴 경영학을 포기하였더라면, 아마 최종 학위를 받지 못했을 것이다.

그렇다면 왜 강점일까? 경영학의 아버지인 피터 드러커 역시 강점 개발을 강조했다. 그는 "강점을 개발하십시오. 당신의 단점을 보완하려고 애쓰지 마세요. 단점은 어쩔 수 없는 것이므로 계속 보완하려고 하는 행위는 오래 지속될 수 없으며 눈에 띌 만한 결과를 내지 못하게 됩니다. 강점을 중심으로 사고하며 일해야지 성과를 낸다는 것을 꼭 기억하십시오."라고 말했다. 또한 "꿈을 실현하는 사람과 그렇지 못한 사람의 차이는 그 사람의 역량에 따라 달라지며 역량을 발휘하기 위해서 강점 개발이 중요하다."라도 했다. 사람은 누구나 자신만의 재능을 한 가지씩 가지고 태어난다. 그런 재능을 꾸준히 훈련하고 반복하면 특정 분야에서 일정 수준의 역량을 발휘하지 못할 이유가 없다. 노력하면 못 할 이유가 없는 것이다.

때로는 노력이 배신할 때도 있다. 하지만 이는 단순히 노력하는 것만으로는 목표 달성 능력이 뛰어난 전문가가 되기 어렵기 때문이다. "어떤 분야에서 최고 수준의 성과와 성취에 도달하기 위해서는 최소 1만 시간이 필요하다."라며 1만 시간의 법칙을 주장했던 에릭슨 박사는, 최근 ≪1만 시간의 재발견≫을 통해 많은 사람이 1만 시간의 법칙을 오해하고 있다고 했다. 그 이유는 대부분 사람이 1만이라는 숫자에만 지나치게 집착하고 있기 때문이라고 했다. 즉, 단순한 노력만으로는 목표에 도달할 수 없으며, 그동안 많은 사람이 1만이라는 시간에 집착한 나머지 정작 중요한 1만 시간을 보내는 방법과 질에 대한 고민을 놓치고 있다고 했다. 이에 에릭슨 박사는 "1만 시간의 법칙의 핵심은 얼마나 '오래'가 아니라, 얼마나 '올바른' 방법으로 실행했는지에 있다."라고 주장했다. 세상에는 두 가지의 노력이 있으며 이는 어느 정도 만족할 만한 수준에 도달할 수 있는 '기계적인 노력'과 해당 분야의 전문가가 될 수 있도록 해주는 '의식적인 노력'으로 분류된다. 많은 사람이 하는 무조건적인 노력은 기계적인 노력에 불과하며, 어느 정도 수준까지는 올라갈 수 있지만 더 높은 수준까지는 올라가기 어렵다. 반면, 의식적인 노력을 통해서는 전문가의 수준까지 올라갈 수 있다. 그렇다면 기계적인 노력과 의식적인 노력의 차이는 무엇일까? 바로 집중하기, 피드백, 수정하기이다. 첫째, 집중하기. 지금의 상황을 벗어나 명확하고, 구체적인 계획을 세우는 것이다. 둘째, 피드백. 이미 성취한 전문가로부터 조언을 구하는 것이다. 셋째, 수정하기. 피드백을 통해 보완할 점이 있으면 즉각 수정하고 새로운 방법을 찾는 것이다.

피터 드러커에 의하면 "강점을 바탕으로 성과를 내라."라고 했다. 약점은 내가 어찌할 수 없기에 성과를 내기 어렵기 때문이다. 또한, 목표를 달성하기 위해서 "나는 무엇을 잘하는가?"라는 질문으로 자신의 강점을 먼저 발견하고, "앞으로 내가 잘할 수 있는 일은 무엇인가?"라는 질문으로 자신의 강점을 선택해야 한다. 그리고 "나의 강점을 최대한 활용하기 위해 무엇을 배워야 하고, 습득해야 하는가?"라는 끊임없는 질문과 자기 계발로 강점을 발달시켜야 한다. 누구나 성공을 꿈꾼다. 실패하고 싶지 않다면 약점을 보완해야 한다. 하지만 성공하고 싶다면 강점에 집중해야 한다. 자신의 강점을 개발해서 하루하루 성장하라. 단점을 보완하려고 애쓰지 마라.

#

나에 대한 남들의 기억은 사흘이면 잊혀진다. 약점에 매몰되기보다 자신의 강점을 발전시켜라.

나만의 숨은
강점을 찾아라

> 나는 항상 나의 밖에서 강점과 자신감을 찾았지만,
> 그것은 내 안에서 나오는 것이다. 그것은 항상 거기에 있다.
>
> — 안나 프로이드

지금까지 들었던 자신에 대한 최고의 칭찬은 무엇인가? 강점을 발견하는 가장 자연스러운 통로는 바로 '칭찬'이다. 칭찬은 고래도 춤추게 한다고 하지 않았던가? 재미있게도 사람의 재능은 칭찬하는 쪽으로 흐른다. 이는 칭찬을 받은 사람이나 생물은 또다시 칭찬받으려고 하기 때문이다. 나도 모르게 적은 노력으로 남보다 나은 성과를 낸 경험이 한 번쯤은 있을 것이다. "와, 어떻게 한 거야? 정말 대단한데?"와 같은 반응을 경험해 보았다면, 그것이 자신의 재능일 수 있다.

필자 역시 곰곰이 생각해 보았다. '지금까지 들었던 최고의 칭찬은 과연 뭘까?' 잠시 고민해보았다. "민정씨 목소리에는 상대방을 집중시키는 특별한 힘이 있습니다." 성교육 강사 시절 멘토 선생님에게 들었던 칭찬이다. 부모님 말씀에 의하면 필자는 어릴 적부터 유독 호기심과 궁금한 게 많았다고 한다. 부모님의 뒤를 졸졸 따라다니며 끊임없이 "이게 뭐야?"라고 물었고, 거기에 맞는 대답을 들으면 "왜요?"라는 질문을 달고 살았다고 한다. 초등학교 이후 우리 삼남매는 가게 일로 바쁘신 부모님과 떨어져 조부모님과 함께 생활했다. 연세가 많으셨던 조부모님은 호기심이 많아 끊임없이 질문하는 나에게, "어찌 그리 궁금한 게 많을고…"라고 하시며 때로는 귀찮아하셨다. 그렇게 필자는 어릴 적 '말이 많은 아이'였다. 시간이 지나 사춘기가 되었을 때도 문제에 부딪히면 가족, 선생님, 친구 등 상대를 불문하고 논리정연하게 한마디도 지지 않고 반박했다. 사춘기 시절 역시 '말을 잘하고, 말이 많은 아이'였다. 성인이 되어 세일즈를 하면서도 고객 면담 시 "민정씨가 이해하기 쉽도록 상품 설명을 해주니 귀에 쏙쏙 들어오네요."라는 피드백을 받았다. 또한, 팀장 회의에서도 건의할 부분과 개선 사항을 명확히 전달하여 "역시 강팀장은 똑소리 난다."라는 말을 자주 들었다. 어디에서든 나의 말에는 힘이 있었으며 '말하는 것을 좋아하는 사람'이었다.

MBTI 성격유형 개념에서 특히 중요한 것은 4가지 심리기능이다. 심리기능은 역동적 관계에 있는 인식 기능으로 S(감각), N(직관), T(사고), F(감정) 4가지 기능이다. 각 성격유형에서 4가지 심리기능 중 하나가 가장 먼저 발달하면, 나머지 심리기능보다 더 많이 사용될 수 있다. 이렇게 가장 선호되고 주도적인 심리기능을 주 기능이라고 한다. 주 기능은 성격유형 중 가장 선호하는 기능으로, 우리가 삶에서 어떤 방식으로 기여하는지 알 수 있게 해준다. 주 기능이 인식 기능(S-N) 중 하나라면 두 번째 부 기능은 판단 기능(T-F) 중 하나가 된다. 반대로 가장 선호하는 주 기능이 판단 기능(T-F) 중 하나라면, 부 기능은 인식 기능(S-N) 중 하나가 된다. 가장 선호하는 기능인 주 기능 다음으로 오는 두 번째 기능인 부 기능은 균형을 맞추는 역할을 한다. 효과적인 의사 결정을 위해서는 정보를 효과적으로 인식해야 하는데, 이는 반대의 경우도 마찬가지이기 때문이다. 세 번째 기능인 3차 기능과 네 번째 기능인 열등 기능은 뒤늦게 발달한다. 주 기능, 부 기능과 마찬가지로 3차 기능과 열등 기능 역시 하나는 인식 기능, 다른 하나는 판단 기능을 포함하여 서로 균형을 이룬다. 성격유형 중 마지막 기능인 열등 기능은 일반적으로 가장 덜 발달한 기능을 의미한다. 이 열등 기능은 가장 간과하기 쉬우며 취약한 영역이다.

MBTI 성격유형은 이처럼 대표적인 주 기능, 부 기능, 3차 기능, 열등 기능으로 분류된다.

필자는 MBTI의 16가지 유형 중 ESTJ다. ESTJ 유형을 대표하는 키워드는 결단력이며, 이에 따른 ESTJ 유형의 관련 키워드는 논리적, 체계적, 효율적, 객관적이다. ESTJ 유형은 논리적인 사고로 유창한 언변을 구사하며, 자신이 옳다고 믿는 가치를 성실히 이해하고 수행한다. 또한, 책임감이 강하고 문제 상황에서 실용적이고 현실적인 해결책을 모색한다. ESTJ 유형의 장점은 객관적인 판단으로 일을 효율적으로 처리하며, 타고난 조직화 능력으로 결과를 만들어내는 것이다. 이와 반대로 약점은 성급한 단호함과 보이지 않는 미래의 가능성에 대한 부정적인 사고 등을 들 수 있다. ESTJ 유형의 심리기능 우선순위는 주 기능-T(사고), 부 기능-S(감각), 3차기능-N(직관), 열등기능-F(감정)이다. ESTJ 유형이 가장 선호하는 주 기능은

-T(사고)기능이다. 사고 기능을 선호하는 유형들은 일반적으로 정확성과 객관적 사실을 최상의 목표로 두며, 논리를 기반으로 의사를 결정하고 결론을 내린다. 다음으로 부 기능-S(감각)이다. 감각을 선호하는 유형은 실질적이고 가시적인 정보를 받아들이며, 주로 오감을 사용하여 인식한 것에 초점을 맞춘다. ESTJ 유형상 덜 발달한 3차 기능인 N(직관) 기능은 큰 그림을 이해하여 정보를 받아들이며, 열등 기능인 F(감정) 기능은 이해와 조화를 최상의 목표로 두고 개인적·사회적 가치를 기반으로 의사 결정 및 결론을 내린다.

또한, ESTJ 유형은 MBTI의 심리적 기능 중 감각적 사고형의 ST 유형이다. ST유형은 실질적이고 사실적이다. 인식할 때 주로 감각에 의존하고, 판단할 때는 주로 사고를 사용하여 사실에 관심을 둔다. 사실은 (보고, 듣고, 만지고, 세고, 무게를 재고, 측정하는) 감각을 통해 수집하고 증명할 수 있기 때문이다. ST유형은 수집된 사실을 바탕으로 의사를 결정할 때도 인정에 얽매이지 않고 논리적인 분석에 바탕을 둔다. ST유형이 신뢰하는 것은 사고로서, 원인에서 결과, 과정에서 결론에 이르기까지의 단계적 논리적 추리 과정을 선호하기 때문에 실질적이며 사실적이다. 유형이론을 바탕으로 한 선호 직업은 조직화된 집단에서 꾸준히 성과를 내며 리더십을 발휘할 수 있는 일이다. 또한, 구체적 사실에 대한 냉정한 분석이 요구되는 직업을 선호하므로 경영진, 법률, 회계, 외과 의사, 교육자, 그 외 성과를 목표로 조직을 체계적으로 관리하는 분야에서 만족을 느끼며 성공할 가능성이 높다.

MBTI 공부를 하면서 필자가 '왜' 말하는 것을 좋아하는지, 또한 '어떻게' 세일즈를 즐기면서 할 수 있었는지에 대한 이유를 알게 되었다. MBTI 성격유형 중 ESTJ 유형이었던 나는 자연스럽게 선호 기능인 Te(사고) 기능과 Si(감각) 기능을 반복하여 나의 강점으로 사용했던 것이다. MBTI라는 심리도구를 통해 강점을 찾았으며 나만의 숨은 강점 성격을 발견할 수 있었다.

\#

1㎜라도 공들이지 않고 얻을 수 있는 건 이 세상에 단 하나도 없다. 나에 대한 편견을 깨뜨리는 계기를 마련하라. 그리고 그 속에서 나 자신을 발견하라.

강점 발견

인생에서 진짜 비극은 이미 가진 강점을 제대로 활용하지 못하는 것
이다.　　　　　　　　　　　　　　　　　　　　　- 피터 드러커

　사람은 누구나 의식과 무의식을 지니고 있다. 의식적인 부분은 심
리기능을 컨트롤할 수 있는 부분이다. 이와 반대로 무의식적인 부분
은 컨트롤이 어려우며 사용하는 데 불편함을 느끼는 부분이다.
MBTI 성격유형에 따르면, 심리기능의 발달 순서와 유형 간 심리역
동을 설명할 수 있도록 심리기능의 순서에 따라 이를 주 기능, 부 기
능, 3차 기능, 열등 기능으로 분류한다. 이는 16개의 성격유형 별로
각각의 유형만의 독특한 심리기능 순서를 의미하며, 각 유형의 특징
을 이해하기 위해서 심리기능의 위계를 이해하는 것이 중요하다. 그
림에서 보는 바와 같이 주 기능과 부 기능은 의식으로, 3차 기능과
열등 기능은 무의식에 묻혀있는 것을 알 수 있다.
　각 기능의 역할을 살펴보면 다음과 같다. 첫 번째, 주 기능이다.
주 기능은 의식적으로 가장 많이 선호하며 활발하게 사용하는 기능
으로서, 삶의 에너지의 원천임과 동시에 개인 성격의 핵심이 된다.

자신도 모르게 자연스럽게 사용하는 기능으로 많은 에너지를 사용하여도 피로감이 없다.

　두 번째, 부 기능이다. 주 기능과 함께 균형을 이루며 상보적 역할을 하는 기능이다. 만약 주 기능이 인식 기능(감각 혹은 직관)이라면, 부 기능은 판단 기능(사고 혹은 감정)이어야 한다. 반대로 주 기능이 판단 기능이라면, 부 기능은 인식 기능이어야 한다. 이는 인식 기능과 판단 기능이 상호 보완적인 관계이기 때문이다. 주 기능의 능숙함에 비교할 수는 없지만, 부 기능은 일상생활에서 편하게 사용하는 기능이다. 하지만 부 기능은 주 기능과는 다르게 너무 많이 사용할 경우 지치거나 스트레스를 받을 수 있다.

　세 번째, 3차 기능이다. 3차 기능은 의식과 무의식의 사다리 역할을 하는 기능으로, 부 기능과는 반대되는 기능이다. 주 기능과 부 기능은 의식 방향으로 노출되어 있는 반면, 3차 기능은 무의식 방향에 반 이상 묻혀있다. 3차 기능은 일상생활 속에서 가장 많이 쓰이는 주 기능과 부 기능에 비해 덜 사용된다. 이러한 3차 기능은 무의식에 거의 묻힌 열등 기능과 달리 개발 가능성이 무궁무진하므로, 의식과 무의식을 연결하는 사다리 역할을 해준다. 이러한 3차 기능을 의식적으로 사용하면 사용하지 않는 왼손, 왼발 등의 경우처럼 불편함을 느끼게 된다. 또한, 오래 사용할 경우 극심한 에너지를 소모한다. 하지만 상황에 따라 적절히 사용하게 되면 큰 효율성을 볼 수 있으며, 현실에 적응하기 위해 반드시 필요한 기능이다.

마지막으로 열등 기능이다. 열등 기능은 무의식 차원에서 미분화되어 덜 발달한 기능으로, 주 기능과 반대 기능이다. 열등 기능은 주 기능의 반대 기능으로서 의식적으로 사용하기 매우 어려운 기능이다. 자신이 가장 사용하기 꺼리는 기능이며, 열등 기능을 의식적으로 사용 시 엄청난 에너지를 소모하고 피로감을 느끼기 때문이다. 타인과의 갈등 중 대부분은 서로의 열등 기능의 충돌로 인해 발생한다. 열등 기능을 사용하려면 필요한 순간에 적절히 사용할 수 있도록 충분한 연습이 필요하다.

이렇게 각 기능은 저마다의 역할이 있다. 성격 발달은 개인 혹은 환경에 따라 차이가 있다. 전 생애에 걸친 커리어 발달 과정에 따라 성장기 및 탐색기인 10~20대에는 주 기능과 부 기능에 집중하여 자신의 강점 성격을 파악하고 발달시킨다. 확립기 및 유지기인 30~40대에는 3차 기능 활용에 집중하여 원활한 사회관계의 기반을 다지고, 해방기인 50대 이후에는 다양한 사회 경험을 바탕으로 축적된 노하우와 함께 열등 기능에 관심을 가지고 활용하기 위해서 노력해야 한다.

자신의 강점 성격인 심리기능 위계를 찾는 방법은 다음과 같다.

첫째, 심리기능 위계는 인식 기능(S-N)과 판단 기능(T-F)에서 찾는다. 둘째, 성격유형의 맨 마지막 문자인 J와 P를 확인한다. 이를 통하여 인식 기능(S-N)과 판단 기능(T-F) 중 일반적으로 어느 것을 외부 세계에 사용하는지 알 수 있다. 예를 들어 필자의 경우 ESTJ 유형으로, J는 판단 기능이며 T를 외부(e)로 사용한다. 이에 따라 T 문자 옆에 소문자 e를 놓아 Te로 표시한다. 셋째, 2가지 심리기능 중 하나가 외향이면 다른 하나는 상호 보완의 원리에 의해 내부(i)로 사용하게 된다. ESTJ 유형의 경우 판단 기능을 T를 제외한 나머지 심리기능인 인식 S는 내부 세계에 사용하게 되므로 S 옆에 i를 놓아 Si로 표시된다. 이때 주의할 점은 외향형(E)은 주 기능을 외부로 사용하므로 에너지 방향을 외부(e)로 사용하는 것이 주 기능이 되고, 내향형(I)은 주 기능을 내부로 사용하므로 에너지 방향을 내부(i)로 사용하는 것이 주 기능이 된다는 것이다. 예를 들어 필자의 ESTJ유형의 첫 번째 문자는 외향(E)으로, 이는 선호 태도와 더불어 주 기능의 일반적인 태도를 뜻한다. 이에 따라 ESTJ 유형은 주 기능인 T를 외부(e)로 사용한다. 넷째, 남은 문자인 S(i)를 통해 감각 기능(S)가 부 기능이며, 내부(i)로 사용된다는 것을 알 수 있다. 다음은 표면적으로 나타나지 않은 성격유형 직관(N), 감정(F)을 확인해 보아야 한다. 이 중 하나가 3차 기능이 되고, 나머지 기능은 열등 기능이 된다. 우선 3차 기능은 부 기능의 반대 기능이며, 열등 기능은 주 기능의 반대 기능이다. ESTJ 유형의 경우 N(직관) 기능이 3차 기능이다. 이에 따라 나머지 감정(F) 기능이 열등 기능이 된다. 열등 기능은 주 기능의 반대 기능과 함께 반대 태도를 지니게 된다. ES(i)T(e)J 유형의 경우 외향적 사고형 T(e)가 주 기능이므로 반대 기능인 내향적 감정형인 F(i)가 열등 기능이 된다.

MBTI 16가지 유형의 강점 성격을 쉽게 이해하기 위해 다음과 같이 표를 준비하였다.

ISTJ	ISFJ	INFJ	INTJ
Si – 내향 감각 Te – 외향 사고 Fi – 내향 감정 Ne – 외향 직관	Si – 내향 감각 Fe – 외향 감정 Ti – 내향 사고 Ne – 외향 직관	Ni – 내향 직관 Fe – 외향 감정 Ti – 내향 사고 Se – 외행 감각	Ni – 내향 직관 Te – 외향 사고 Fi – 내향 감정 Se – 외향 감각
ISTP	**ISFP**	**INFP**	**INTP**
Ti – 내향 사고 Se – 외향 감각 Ni – 내향 직관 Fe – 외향 감정	Fi – 내향 감정 Se – 외향 감각 Ni – 내향 직관 Te – 외향 사고	Fi – 내향 감정 Ne – 외향 진관 Si – 내향 감각 Te – 외향 사고	Ti – 내향 사고 Ne – 외향 직관 Si – 내향 감각 Fe – 외향 감정
ESTP	**ESFP**	**ENFP**	**ENTP**
Se – 외향 감각 Ti – 내향 사고 Fe – 외향 감정 Ni – 내향 직관	Se – 외향 감각 Fi – 내향 감정 Te – 외향 사고 Ni – 내향 직관	Ne – 외향 직관 Fi – 내향 감정 Te – 외향 사고 Si – 내향 감각	Ne – 외향 직관 Ti – 내향 사고 Fe – 외향 감정 Si – 내향 감각
ESTJ	**ESFJ**	**ENFJ**	**ENTJ**
Te – 외향 사고 Si – 내향 감각 Ne – 외향 직관 Fi – 내향 감정	Fe – 외향 감정 Si – 내향 감각 Ne – 외향 직관 Ti – 내향 사고	Fe – 외향 감정 Ni – 내향 직관 Se – 외향 감각 Ti – 내향 사고	Te – 외향 사고 Ni – 내향 직관 Se – 외향 감각 Fi – 내향 감정

\#
콤플렉스는 내가 만든다. 약점이 아니라, 강점을 봐라. 강점을 인지하는 것은 시작일 뿐이다.
시작은 누구에게나 서툴다. 나의 강점이 실제 성과를 내기 위해서는 끊임없는 강점 개발이
중요하다.

불광불급(不狂不及;
미쳐야 성공한다)

살면서 미쳤다는 말을 들어보지 못했다면, 너는 단 한 번도 목숨 걸고 도전한 적이 없었다는 것이다.　　　　　　　－ W. 볼튼

　공부에는 소질이 없고 고등학교 검정고시 출신에 문제아였던 내가 "대학 강단에 서겠다." 그리고 "박사가 되겠다."라고 했을 때 모두 불가능한 일이라고 했다. 아니, 미쳤다고 했다. 사실 본인 역시 '과연 할 수 있을까? 정말 가능할까?'라는 의문이 들었다. 2015년 박사 과정에 입문하면서 세일즈를 과감히 그만뒀다. 억대 연봉의 잘나가는 팀장이었으며 게다가 젊었다. 그런 내가 세일즈를 그만둔다고 했을 때 다들 미쳤다고 했다. "강 팀장, 박사는 돈 많이 벌어?"라며 팀원들이 물었다. "아니요. 제가 알기로는 수입이 지금의 반도 안 되는 것으로 알고 있어요."라고 답했다. 팀원들은 '그런데 왜?' 도저히 이해가 안 된다는 표정으로 바라봤다.

　하지만 내 결심은 확고했다. 아버지가 돌아가신 후 나에게는 언젠가 대학 강단에서 강의를 하겠다는 꿈이 생겼다. 가족, 친구들 모두

불가능한 일이며, 나 역시도 불가능하다고 생각했다. 하지만 더도 말고 덜도 말고 딱 10년만 공부해보자는 목표를 가지고 지금까지 달려왔다. 앞으로 '마지막 관문인 박사 과정만 남았으니, 이번 기회에 내 한계가 어디까지인지 시험해보자!'라고 생각했다. '지금까지 잘해왔고, 현재도 잘하고 있으며, 분명히 앞으로도 잘 해낼 수 있을 것'이라 스스로 다짐을 했다. 다시 생각해도 무모한 선택이었다. 25살에 우연히 시작한 세일즈가 너무 재미있어서 10년이라는 시간 동안 '미친 듯이' 일했다. 그런데 서른이라는 뒤늦은 나이에 공부를 하다가 우연히 세일즈보다 더 재미있는 일을 발견하게 된 것이다. 미치면 미치고, 안 미치면 안 미치는 거다. 무엇인가에 미친다는 것은 열정을 가진다는 뜻이며, 그러한 열정을 행동으로 옮긴다는 의미이다. 하나에 미칠 줄 알면 다른 것에도 미칠 수 있으며, 내가 미쳐야 불가능한 꿈을 이룰 수 있다고 생각하였다. 나는 마음속으로 '그러면 한 번 더 미쳐야 하는 게 당연한 거 아니야?'라고 생각했다. 그래서 다시 한 번 미쳐보기로 결심했다.

2015년 3월 박사 과정에 입문했다. 경영컨설팅학 박사 과정은 직장인을 대상으로 개설된 과정으로 주말에 수업이 진행됐다. 박사 과정에 입문하여 수료하는 2년이라는 시간 동안 나에게 주말은 없었다. 하루 9시간의 수업을 이수하기 위해 매주 울산에서 부산까지 통학을 했다. 배움이라는 공통의 목표를 가진 동기분들은 공부에 대한 열정이 가득했다. 박사 과정 1, 2학기는 경영학 학문에 관한 이론 중심의 교육으로 진행되었으며 3학기부터 논문 연구에 들어갔다. 논문 지도를 위한 지도 교수님 선정이 절실했다. 논문 주제 선정에서부터 논문 최종 심사 과정까지 마라톤과 같은 기나긴 논문 연구 과정에 있어 지도 교수님의 역할은 지도 학생에게 매우 중요했다. 지도 교수님 선정에 있어 필자 혼자 타지역 출신이라 애로 사항이 많았다. 마침 석사 지도 박주식 교수님이 부산대학교 출신이셨다. 교수님께 자초지종을 말씀드리고 도움을 요청 드렸더니 흔쾌히 승낙하시며 지금의 지도교수님이신 송태호 교수님을 추천해 주셨다. 직접 교수님을 찾아뵙고 앞으로의 논문 계획과 진로에 대해 말씀드리며 지도 교수님이 되어주시길 간곡히 부탁드렸다. 그렇게 송교수님과의 인연이 시작됐다.

지도 교수님과의 면담은 일주일에 한 번 점심시간을 이용하여 진행됐다. 논문 지도 수업은 연구 주제와 관련된 선행 연구를 읽고 정리한 후 토론하는 형식이다. 지도 교수님과의 면담은 방학 기간에도 계속 되었으며 그렇게 또다시 1년이라는 시간이 흘러 4학기 수료 과정을 무사히 마칠 수 있었다. 마지막 수업을 끝내고 대학교 교정을 나 홀로 거닐어 보았다. 처음 박사 과정에 입문하여 무단히도 오르내리던 학교 캠퍼스가 한눈에 들어왔다. 지난 2년 동안 나에게는 주말이 없었다. 즐거운 추억도 많았지만, 한편으로 힘들었던 지난 시간을 떠올리니 나도 모르게 눈물이 핑 돌았다.

그렇게 수료 과정을 마친 후 본격적으로 박사 논문을 준비하였다. 박사학위 논문은 논문 심사 전 학회지 게재를 원칙으로 하였기에 부담감과 스트레스가 이만저만이 아니었다. 학회지 게재를 준비하면서 힘든 고비로 인해 포기할까말까 수없이 고민했다. 그럴 때마다 멘토 선생님을 찾아뵈며 여러 가지 조언을 구했다. 멘토 선생님께서는 감사하게도 "강교수 힘내세요."라고 하시며 나를 응원해 주셨다. 하루는 힘들어 지쳐있는 나에게 "강교수 박사학위 준비하느라 많이 힘들죠? 잘 알고 있습니다."라고 하셨다. 마음을 흔드는 멘토 선생님의 말씀에 또다시 코끝이 찡해졌다. 멘토 선생님은 나를 두 팔로 꼭 안아주시며 "강교수 대한민국 최고의 학위를 받기 위해서는 많은 땀방울과 눈물이 필요합니다. 지금까지 수많은 난관에 부딪혔지만 포기하지 않고 여기까지 왔으니 조금만 더 힘내세요. 이 또한 강교수가 성장하는 과정이라는 걸 잊으시면 안 됩니다."라며 지친 나를 위로해주셨다. 멘토 선생님의 말씀에 나는 '이제 와서 포기할 수도 없고, 포기해서도 안 된다.'라며 마음을 다잡았다. 그렇게 또 한 번의 고비를 넘길 수 있었다. 나는 정말 운이 좋은 사람이다. 박사 과정 중 2016년 8월 한국폴리텍 울산캠퍼스에서 처음 강단에 서게 되었다. 드디어 그토록 간절히 바라던 나의 첫 번째 꿈을 이룰 수 있었다.

\#
잠시 멈춰 서서 내가 가고 있는 길을 한번 바라보라.
보이지 않는 미래는 보이는 지금에 따라 달라진다. 당신의 꿈이 당신이 누구인지를 결정하게 되며, 스스로 꿈을 만들어가는 사람은 결국 그 꿈을 이루게 된다.

당신의 강점
스위치를 켜라

내가 목표에 달성한 비밀을 알려줄게. 나의 강점은 바로 끈기야.

- 루이 파스퇴르

2017년 학회지 게재를 앞두고 너무 힘들어 머리가 터질 것만 같았다. 자꾸만 포기하고 싶은 불안감이 엄습했다. 이래서는 안 되겠단 생각이 들었다. 딸아이 초등학교 시절 제주 여행을 간 적이 있다. 우연히 표선에서 바다가 한눈에 보이는 게스트하우스에 묵게 되었다. 온종일 운전한 탓에 지친 몸을 이끌고 숙소에 도착했다. 작은 카페가 달린 아담한 게스트하우스에는 정이 넘치고 푸근한 인담을 가진 사장님이 계셨다. 우리 일행이 불편함을 느끼지 않도록 세심한 신경을 써주시며 아이들과 함께 즐길 수 있는 여행지를 추천해 주셨다. 그렇게 기억에 남는 여행을 통해 자연스럽게 인연을 맺었다. 그 뒤로도 SNS로 안부 인사를 물으며 제주도를 방문할 때마다 가끔 들려 커피 한 잔씩 하는 장소였다. 복잡한 머리를 식힐 겸 사장님에게 연락을 드렸다. 잘 지내고 계시는지, 장사는 어떤지 등 반가운 마음에 서로의 안부를 물었다. 마침 2017년 추석은 열흘이나 되는 역대급 황금연휴 기간이라, 자연스럽게 추석 연휴를 주제로 얘기하고 있었다. 커피숍을 운영해 본 경험이 있는 나는 농담 반 진담 반으로 "사장님, 이번 추석 황금연휴 동안 아르바이트생 필요하지 않으세요?"라고 물었다. "사장님, 저 싹싹(친절)하고, 청소도 잘하며, 커피도 잘 내려요. 나만 한 아르바이트생이 없을 걸요?"라며 자신 있게 말씀드렸다. 사장님께서는 너털웃음을 지으며, "잘됐네. 마침 연휴 기간 아르바이트생이 필요했는데."라며 흔쾌히 제안을 허락하셨다. 사장님과의 전화를 끊고 '이번 기회에 가서 복잡한 머리 좀 식히고 오자.'라고 스스로를 위안했다.

추석 황금연휴가 시작되면서 바로 제주도로 날아갔다. 너무 지친 나는 아무 생각이 없었다. 휴가를 떠날 때와는 사뭇 다른 느낌이었다. 카페는 바닷가가 한눈에 보이는 표선에 위치하고 있으며 게스트하우스와 카페를 함께 운영하고 있었다. 도착해서 짐을 풀고 가게를 한 번 둘러봤다. 노부부가 운영하는 곳이라 여기저기 오래된 손길이 닿아 있었다. 카페 메뉴를 살펴본 후 하나씩 숙지해 나가기 시작했다. 카페는 예상과 다르게 조용했다. 가끔 지나가는 손님이 들려 커피를 마시거나 가족 단위로 와서 티타임을 가지는 정도였다. '틈틈이 책을 읽을 수 있는 시간이 있어 다행이네.'라며 생각했다. 다음날, 사장님의 원두 볶는 냄새와 함께 상쾌한 하루를 시작했다. 은은한 커피 향이 코끝을 스쳤다. 아침 일찍 카페를 청소하고 함께 운영하는 게스트하우스를 청소하니 오전이 금방 지나가 버렸다. 아침 겸 점심을 먹고 나면 점심 식사를 마친 손님들이 커피를 마시기 위해 조금씩 몰려오기 시작했다. 그렇게 한바탕 전쟁을 치르고 오후 3시

쯤 되면 또다시 카페는 조용해졌다. 한가로운 시간 가게 정리를 하며 틈틈이 책을 읽었다. 저녁 10시가 돼서야 하루 일과를 마감할 수 있었다.

사장님께 평균 매출이 어느 정도 되냐고 조심스레 물었다. 보통 하루 매출이 30만 원 남짓이라고 하셨다. 호기심이 많아 궁금함을 참지 못하는 나는 사장님께 손님들에게 제일 인기 있는 메뉴가 뭐냐고 물었다. 사장님은 "당연히 내가 직접 로스팅한 커피지."라고 하셨다. 사장님께서는 커피 원두를 수입하여 매일 아침 직접 로스팅하셨다. 갓 볶은 신선한 원두의 향이 가득한 로스팅 커피는 단연 인기 최고였다. 하지만 필자가 궁금한 것은 가족 단위의 어린 고객들이었다. 아쉽게도 노부부가 운영하는 한적한 카페에는 가족 단위로 오는 어린 손님들을 위한 특별한 메뉴가 없었다. 사장님께서는 그때그때 다르다고 말씀하시며 아이들의 메뉴를 크게 신경 쓰지 않으셨다. 한가한 틈을 타 냉장고 정리하던 나는 신기한 것을 발견했다. 바로 '몬딱 주스'였다. 너무나 특이한 이름에 고객을 갸우뚱하며 "사장님, 이게 모예요?"라고 물었다. 사장님께서는 "몬딱 주스는 제주에서 수확된 한라봉과 귤을 직접 착즙한 주스야. 한 마디로 얘기하면 제주표 오렌지주스라고 생각하면 돼."라고 말씀하셨다. 사장님의 말씀에 의하면, 제주에서 생산되는 귤과 한라봉의 농산물 판매 촉진을 위해 마을협동조합에서 만들어 납품하고 있다고 하셨다. 당시 착즙 주스와 함께 얼음이 제공되는 몬딱 주스는 6,000원에 판매되고 있었다. 순간 '그래, 바로 이거야.'라는 생각이 들었다. 다음날부터 몬딱 주스의 본격적인 영업이 시작됐다. 제주도는 관광 도시라 주문할 때 어떤 메뉴를 골라야 할지 고민하는 이가 많았다. 고객이 주문 시 상황을 빠르게 판단하여 "고객님, 혹시 몬딱 주스라고 들어보셨나요?"라고 물으면 손님들은 백이면 백, "그게 뭐예요?"라는 반응을 보였다. 그러면 기다렸다는 듯이 "몬딱 주스는 제주에서 직접 재배하고 수확한 한라봉과 귤을 100% 착즙한 건강 주스입니다. 여기 제주에서만 마실 수 있는 특별한 음료입니다."라고 친절히 설명했다. 그러면 대부분 손님은 "그래요? 그런 게 있어요?"라며 관심을 보였다. 몬딱 주스는 커피를 선호하지 않는 어른, 가족 단위로 놀러 온 아이들, 색다른 제주를 즐기고 싶어 하는 청춘 남녀 등 모두에게 인기 만점이었다.

제주도에서만 맛볼 수 있는 특별한 경험에 손님들의 지갑은 쉴 새 없이 열렸다. 평균 30만 원의 매출이 하루가 다르게 올라가더니 주말 하루 100만 원이 넘는 일 매출을 올렸다. 그 뒤로도 나의 몬딱 주스 홍보는 계속 됐다. 하루는 사장님께서 "민정씨, 장사 잘하네. 장사에 소질이 있는 것 같은데 진지하게 책임지고 카페를 한 번 맡아서 해보는 게 어때?"라고 물으셨다. 사장님의 제안이 나쁜 조건도 아니었기에 순간 '머리 아픈 공부 때려치우고, 정말 장사나 해볼까?'라는 생각이 들었다. 하지만 까페 업무의 현실은 냉혹했다. 12시간이 넘는 근무 조건과 게스트하우스의 청소에 마감까지… 하루 24시간이 금방 지나갔다. 온종일 일만 하는 로봇 같다는 생각이 들었다. 처음에는 '아무 생각 없이 육체적인 노동에 집중하다 보면 복잡한 머릿속이 정리되겠지.'라는 생각으로 일을 시작했는데, 시간이 지날수록 머리가 텅텅 비어지는 것 같아 점점 불안해지기 시작했다. 불현듯 '이러다 이 생활에 안주하는 거 아냐?'라는 불안한 생각이 엄습했다. '이렇게 하려고 지금까지 내가 고생하면서 공부를 한 것일까?'라며 스스로에게 물어보았다. 나의 대답은 당연히 'NO'였다. 이래서는 안 되겠다는 생각에 사장님께 자초지종을 말씀 드린 후 다음 날 바로 작업실로 복귀했다. 그렇게 다시 일상으로 복귀한 후 "공부가 제일 쉬웠어요."라는 말의 의미를 수 없이 되새기며 학회지 작업에 몰입했다. 드디어 힘들고 지루한 작업을 거쳐 2017년 12월 대한경영정보학회에 논문을 게재할 수 있었다. 내 안에 숨겨진 잠재력이 실제 강점이 되려면 해당 분야의 지식과 경험이 축적되어야 한다. 고민했던 수많은 노력이 마침내 임계점에 도달하면 그것이 바로 나의 강점이 된다. 'NO'를 거꾸로 쓰면 전진을 의미하는 'ON'이 된다. 그렇게 나의 강점 스위치가 켜지는 순간이었다.

\#

길을 잃어봐야 자신만의 지도를 그릴 수 있다.

나에 대한 남들의 기억은 단 사흘이면 잊혀진다. 있던 건 지나가고, 없던 건 돌아온다.

사흘 만에 잊힐 약점에 나약해지기보다 평생을 갈 강점에 강해져라.

100배 성장으로
이끄는 강점 성격

불가능을
가능으로

한때는 불가능하다고 생각한 것이 결국에는 가능한 것이 된다.

- K. 오브라이언

2018년 1월부터 지도 교수님과 함께 본격적으로 박사 논문 준비에 들어갔다. 연구 주제는 석사 논문의 연장으로 MBTI 성격유형과 세일즈 마케팅을 접목했다. 논문 제목은 MBTI 성격유형에 따른 영업 사원의 관계 판매 행동이 성과 및 만족에 미치는 영향에 관한 연구였다. 지도 교수님과 지속적인 면담을 통해 주제를 선정하기까지 수정하고 또다시 수정하는 작업을 수없이 반복했다. 어렵게 논문 주제를 결정한 후 연구 방법에 대해 지도 교수님과 끊임없이 논의해 나갔다. 마지막으로 양적 연구를 위해 논문 연구의 대상 범위를 H사 영남지역에 소속되어 있는 손해보험, 생명보험, GA대리점에 근무하는 설계사 및 팀장들로 확장했다. 다음은 논문 서베이 작업이다. 논문 연구 중 가장 중요한 서베이 작업은 논문 통계 분석을 위해 연구 대상자들을 선정하여 설문 조사를 시행하여야 한다. 이를 위해 예전 함께 근무했던 지점장님들에게 도움을 요청했다. 한 분 한 분 지점장님들을 찾아뵙고 인사를 드린 후, 지금의 상황을 상세하게 말씀드렸다. 퇴사 후 2년이라는 시간동안 박사 과정에 입문하여 수료과정을 거쳤으며, 현재 학위수여를 위해 논문 연구를 준비하고 있다고 했다. 무사히 박사학위를 마무리할 수 있게 지점장님들에게 설문작업을 도와달라고 부탁드렸다. 지점장님들께서는 "당연히 강 팀장님을 도와드려야죠."라고 말씀하시며 흔쾌히 응해주셨다. 지정장님들과 일정을 조율하여 영남지역에 근무하는 H해상 손해보험 설계사, GA법인 대리점, D생명보험 설계사들을 대상으로 MBTI 검사를 직접 실시하고 설문 작업을 진행했다. 설문 대상의 범위가 넓고 수량도 많아 회수하여 통계 작업까지 한 달이라는 시간이 걸렸다.

1차 논문 심사를 앞두고, 심사에 대한 부담과 스트레스는 상상을 초월했다. 학교 강의를 제외한 나머지 시간은 바깥출입을 일절하지 않으며 논문 작업에 몰두했다. 하루 16시간 이상의 장시간 작업으로 인해 다리는 코끼리 다리처럼 퉁퉁 부었으며, 온 몸에 파스를 붙여가며 작업을 이어나갔다. 전화기도 무음으로 설정해놓고 외부와의 연락도 일체 끊은 채 논문 작업에 몰두했다. 사실 육체적인 고통보다 더 힘들었던 건 정신적인 스트레스였다. 논문을 쓰면 쓸수록 어렵게 느껴졌으며, 시간이 지날수록 자신감이 떨어져 '과연 내가 해낼 수 있을까?'라는 불안감이 몰려왔다. 특히 1차 심사에 대한 부담감은 이루 말할 수 없었다. 하루는 논문 발표를 며칠 앞두고 너무 힘들어 미쳐 버릴 것만 같았다. 아무 이유 없이 두 눈에서 눈물이 하염없이 흘러내렸다. 갑자기 마음속 깊은 곳에 숨겨져 있던 복잡한 감정들이 북받쳐 올라왔다. 하던 작업을 잠시 멈추고 책상에 엎드려

펑펑 울었다. 한참을 울고 고개를 들어 시계를 보았다. 새벽 3시 반이었다. 오랜 고민 끝에 논문 발표연기를 위해 지도교수님께 보낼 메일을 작성했다. "… 시간이 지날수록 이번 논문 준비에 대해 저 스스로에게 많은 부족함을 느끼고 있습니다. 나름 준비를 한다고 했는데, 부족한 부분이 너무 많은 것 같습니다. 학위가 우선이라 생각하고 조급하게만 생각했었습니다. … '속도가 아닌 방향성'에 초점을 두고 싶습니다."라고 솔직한 심정을 작성하여 교수님께 메일을 보냈다. 진심으로 포기하고 싶을 만큼 힘이 드는 순간이었다. 교수님께서 메일을 확인하고 연락을 주셨다. 교수님께 "교수님 죄송합니다. 도저히 힘들어서 못 하겠습니다. 그냥 포기하겠습니다."라고 울먹이며 말씀드렸다. 조용히 듣고 계시던 지도 교수님께서 "강 선생님, 힘든 과정 겪고 있다는 사실 다 알고 있습니다. 이제 거의 다 왔으니 조금만 더 힘냅시다."라고 격려해 주셨다. 논문 지도 내내 냉철하시고 과묵하셨던 분이셨기에 교수님의 따뜻한 말 한마디는 나에게 큰 힘이 되었다. 교수님의 진심어린 격려에 힘을 얻은 나는 다시 한 번 마음을 다잡았다.

드디어 1차 논문 심사 날이 되었다. 논문 심사는 논문에 관심 있는 재학생 및 타 학과 청중과 함께 심사위원 교수님 다섯 분을 모시고 대강의실에서 진행됐다. 심사위원 교수님으로 부산대학교 세 분의 교수님과 울산대학교 두 분의 교수님으로 모셨다. 울산대학교에서 심사위원 교수님으로 석사 지도 교수님이신 박주식 교수님과 경영대학원 원장님이신 김도일 교수님께서 참석해 주셨다. 며칠 밤을 세워서 만든 PPT 자료를 토대로 많은 사람과 심사위원 교수님들 앞에서 시연을 하고 다양한 질문과 피드백을 받았다. 정신없이 한 시간이라는 시간이 흐르고 1차 논문 심사가 끝났다. 심사가 끝난 후, 교수님 한 분 한 분에게 감사 인사를 드렸다. 울산대학교에서 심사 위원 교수님으로 경영대학원 원장님이신 김도일 교수님께서 해외 학회에 참석하신 후 박사 논문 심사 일정에 맞춰 입국하셔서 공항에서 바로 오시는 길이라고 하셨다. 연로하신 교수님께서는 오랜 장시간 비행으로 다리가 저려 힘들어하셨다. '아, 교수님들이 이렇게 진심으로 나를 응원해주고 계시는구나.'라는 생각이 들면서 나도 모르게 눈물이 핑 돌았다.

1차 논문 심사를 끝낸 후, 끝이 없는 수정 작업을 거쳐 드디어 논문 심사를 통과하게 됐다. 같은 해 8월 코스모스 학위를 받을 수 있었다. 2018년 8월 24일 학위 수여식을 개최했다. 이른 아침부터 축하를 받는 이들과 축하를 하는 이들로 졸업식장은 인산인해를 이뤘다. 나는 박사모를 쓰고 많은 사람들의 부러움과 축하를 동시에 받으며 당당히 앞으로 걸어 나갔다. 지난 10년이라는 시간 동안 땀과 눈물의 결실인 박사 학위패를 드디어 받을 수 있었다. 학위패를 받고 내려오면서 제일 먼저 엄마에게 달려갔다. 얼른 박사모를 엄마에게 씌워드리며, "어머니, 제가 약속했었죠? 다음에는 꼭 박사모 씌워드린다고요."라고 말씀 드렸다. 엄마는 "고맙다. 정말 고맙다."라고 말씀하시며 눈시울을 붉히셨다. 우리의 모습을 지켜보고 있던 딸아이가 조용히 다가와 내 손을 꼭 잡았다. 그리곤 반짝이는 눈으로 "엄마의 꿈을 이루게 된 걸 진심으로 축하해요. 엄마 진짜 멋있어요."라고 말하는 딸아이가 너무나 사랑스러워 꼭 안아주었다. 며칠이 지나 우연히 딸아이의 SNS 계정을 보게 되었다. 그 속에는 박사모를 쓰고 활짝 웃고 있는 나와 딸아이의 사진이 있었다. 그리고 #부산대 #박사학위 #엄마최고 #너무 #멋있다 #박사님 #이라고 #불러야지 등의 해시태그가 달려있었다.

불가능이라는 뜻의 단어 'Impossible'에 점 하나를 찍으면, I'm possible이 된다. 부정적인 것에 긍정의 점 하나를 찍으면 절망이 희망으로 바뀌는 것이다. 끝까지 포기하지 않은 결과 더도 말고 덜도 말고 딱 10년만 공부해보자는 나와의 약속을 지킬 수 있었다.

#

지독한 꿈이 당신을 아름답게 만든다. 중요한 것은 어디에 있느냐가 아니라 어디를 향해 가고 있느냐이다. 앞으로의 길을 내다볼 때 필요한 건 불안한 감정의 걱정이 아니라 확고한 신념의 판단이다.

Chapter 05. 100배 성장으로 이끄는 강점 성격   143

like calls like~
(좋은 것이 좋은 것을 부른다)

미래를 창조하기에 꿈만큼 좋은 것은 없다. 오늘의 유토피아가
내일의 현실이 될 수 있다.   — 빅터 위고

　박사학위를 취득하고 잠시 여유가 주어졌다. 논문 준비로 인해 몸
도 마음도 너무나 지친 상태여서 재충전의 시간이 필요했다. 그동안
논문 연구로 인해 딸아이와 함께 해주지 못해 미안한 마음이 들었
다. 여름 방학을 맞이해 제주도로 둘만의 휴가를 떠났다. 딸아이와
함께 맛있는 음식도 먹고, 물놀이도 즐기면서 그동안 못다 한 이야
기보따리를 하나씩 풀어냈다. '아, 너무 좋다. 이게 얼마 만에 느껴보
는 여유인지.' 실로 오랜만에 느껴보는 자유였다. 휴가 동안 딸아이
와 많은 대화를 나눴다. 고등학교를 진학한 딸아이는 앞으로 진로에
대한 고민이 많다고 했다. 이번 기회에 엄마가 박사학위를 취득하는
과정을 옆에서 지켜보며 포기하지 않는 엄마의 모습에 많은 것을 배
웠다고 했다. 그렇게 말해주는 딸아이가 너무 기특해서 꼭 안아줬다.
불현듯 딸아이가 나에게 물었다. "엄마, 이제 엄마 꿈인 박사학위도

취득했으니 앞으로 계획은 어떻게 되세요?" 순간 갑작스런 질문에 당황했다. 사실 박사학위를 준비하는 과정 동안 너무 힘들었던 탓에 학위 취득 후 아무 생각 없이 쉬고만 싶었다. "글쎄 솔직히 아직 생각 안 해 봤는데?"라고 말했다. 딸아이는 잠시 고민하는 듯하더니 "음, 그동안 하고 싶었던 걸 해보세요. 엄마는 충분히 그럴 자격 있잖아요." 딸아이의 말에 '내가 그동안 하고 싶었던 게 뭘까?'라며 혼잣말을 해보았다.

즐거운 시간을 보내고 다시 일상으로 복귀했다. 2학기 개강을 앞두고 수업 준비를 위해 인터넷 자료를 검색하고 있었다. 우연히 '월드프렌즈 코이카 해외봉사단'을 모집한다는 인터넷 광고가 눈에 띄었다. 평소 봉사활동에 관심이 많았던 나는 2013년부터 울산그린닥터스에서 봉사활동을 했다. 그린닥터스는 의사, 간호사, 일반인들이 의료봉사에 뜻을 모아 1년에 한 번 국제 의료봉사를 실시하고 있었다. 나 역시 그린닥터스 활동을 계기로 2013년 태국, 2014년 인도네시아의 국제 의료봉사에 자원봉사자로 참여하였다. 처음 의료봉사 활동을 지원할 때만 해도 누군가에게 도움을 주겠다는 생각으로 지원하였다. 처음 의료봉사 활동을 나간 지역은 태국의 치앙라이 산골지역이었다. 병원은커녕 약국도 하나 없는 열악한 환경이었다. 현지에 의료봉사 활동 소식이 전해지자 사람들은 동이 트기도 전에 끝이 보이지 않는 줄을 서서 진료를 받기 위해 대기하였다. 갓난아이에서 백발노인까지 40도가 넘는 무더위에도 불평 한마디 하지 않고 조용히 자신의 순서를 기다렸다. 아이들은 낯선 이방인의 모습이 신기한 듯 반짝이는 눈망울로 우리의 일거수일투족을 관심 있게 지켜보았다. 의료팀, 접수팀, 지원팀, 교육팀 등 각자 역할을 분담하였다. 보통 하루 500명이 환자를 진료했다. 나는 환자 접수 및 대기, 조제약 작업 등 다양한 멀티플레이 역할을 해냈다.

　그렇게 정신없는 일과를 마치고 숙소에 복귀할 무렵에는 봉사단원 모두 파김치가 되었다. 다 함께 저녁 식사를 마치면 다음 날 아이들에게 나눠 줄 영양제와 비타민을 포장했다. 먹거리가 풍족하지 않아 영양소를 제대로 섭취하지 못하는 아이들에게 달콤한 젤리와 새콤한 비타민C는 인기 만점 간식이었다. 또한, 주사를 맞거나 발치를 했을 경우 무사히 진료를 마치고 나온 아이들에게 비타민과 영양제를 손에 쥐여주면 눈물이 가득 고인 두 눈을 하다가도 언제 그랬냐는 듯 환한 웃음을 지었다. 그런 웃는 아이들의 얼굴을 볼 때마다 나도 덩달아 웃음 짓곤 했다. 봉사는 마음을 베푸는 만큼 돌아온다고 했다. 의료봉사를 하는 내내 많은 것을 느꼈다. 열악한 환경 속에서도 웃음을 잃지 않고 살아가는 순수한 이들의 눈망울을 보면서, 진정한 봉사란 '나를 되돌아보는 시간'임을 깨닫게 되었다.

　아쉽게도 박사학위를 준비하면서 시간적 여유가 없었던 관계로 의료봉사 활동에 참여할 수 없었다. 이제 학위도 마무리되었으니 이번 기회에 다시 봉사활동을 시작해야겠다는 생각을 했다. 코이카 해외봉사단 모집 배너 창을 클릭하자 월드프렌즈 코이카 봉사단(127기)을 모집한다는 안내 문구가 눈에 띄었다. 궁금한 마음에 코이카 봉사단 홈페이지에 들어가서 다양한 정보를 살펴봤다. KOICA(한국국제협력단)는 우리나라와 개도국의 우호 협력관계 및 상호 교류를 증진하고 국가의 경제·사회 발전을 지원하여 국제개발 협력을 증진하는 것을 그 목적으로 하는 대한민국 정부의 대외무상원조 전담 기관이다. 이에 따라 우리나라와 개발도상국들의 우호 협력관계 및 상호 교류의 증진, 이들 국가의 경제·사회 발전 지원을 통해 국제 협력 증진에 기여하기 위한 해외 봉사단 파견 업무를 지원한다. 코이카 봉사단은 개발도상국의 수요를 바탕으로 우리가 비교우위에 있는 공공행정, 교육, 농림수산, 보건, 산업에너지 분야의 지원자를 모집했다. 봉사단에게는 개발도상국이 필요로 하는 전문 지식을 보유한 대한민국 국민을 파견하여 전문 인력 양성 및 기술 이전 활동을 수행하는 업무가 주어졌다. 봉사단 모집 부분에 있어 객관적으로 입증할 수 있는 관련 전공, 자격증, 경력 등을 갖추고 있어야 한다. 모집 선발 과정은 모집 설명회, 서류 접수, 면접 및 적합도 검사, 신체검사, 국내 교육 순이었다.

1차 서류 접수는 이력서 및 자기소개서와 함께 파견 국가와 파견 기관명에 따라 원하는 국가와 기관을 3지망까지 지원할 수 있었다. 나는 한 치의 망설임도 없이 평소에 동경하던 '르완다'를 지원했다. 평소 여행 프로그램을 즐겨 시청하는 편인데, 우연히 TV 프로그램에서 르완다를 소개하는 프로그램을 시청하게 됐다. 광활한 대자연과 함께하는 아프리카 나라와는 달리 프로그램에서 소개되는 르완다는 사뭇 다르게 느껴졌다. 르완다(Rwanda)는 아프리카 중앙부에 있는 자그마한 나라로 정식명칭은 '르완다 공화국'이며, 세계 커피 애호가들이 최고의 품질을 인정하는 커피 생산지이다. 인구의 90% 이상이 농업에 종사한다. 커피 열매를 정성스레 따며 수줍은 미소를 짓는 TV 속 사람들의 눈망울은 너무나 순수했다. 아름답고 평화로운 나라 '르완다'는 나에게 꼭 한 번 가보고 싶은 매력적인 나라였다.

'과연 합격할 수 있을까?'라는 반신반의한 마음으로 서류 접수 후 잊고 있었다. 그런데 이게 웬일이란 말인가? "귀하께서는 2018년 8차 월드프렌즈 코이카 봉사단(127기) 1차 전형에 합격하셨습니다." 라고 한국국제협력단에서 메시지가 온 것이다. 2차 면접 과정은 KOICA 본사에서 실시했다. 혹시나 하는 마음에 면접 당일 KTX를 타고 KOICA 본사로 향했다. 면접 장소에 도착한 나는 깜짝 놀랐다. 면접을 위해 각 지역에서 모인 인원만 100명이 넘었기 때문이다. 예상외로 인원이 많아 면접 대기 시간이 꽤 길었다. 대부분 대기자는 자기 순서를 기다리며 열심히 사전 연습을 하고 있었다. 해외 봉사단을 위한 사람들의 열의가 대단했다. 코이카 해외봉사단의 면접은 일반 면접과 기술 면접으로 나뉘었다. 일반 면접은 3:3 면접으로 자기소개, 지원 동기, 장단점, 스트레스 관리법, 코이카 해외봉사단을 선택한 이유, 파견 후 갈등이 발생했을 때 이에 대한 대처법 등 다양한 질문으로 40여 분간 진행됐다. 일주일 후 면접 전형에 합격했다는 안내를 받았다. 나름 치열한 경쟁을 뚫고 합격 소식을 안내받아 내심 기분 좋았다. "좋아, 여기까지 왔으니 최종 합격까지 한번 가보자."라고 다짐하며 마지막 관문인 신체검사를 시행했다. 3차 신체검사 과정은 봉사 단원에게 필수적인 건강 상태를 확인하는 과정이다. 그도 그럴 것이 앞으로 다른 환경에서 장기간 해외 생활을 해야 하는 탓에 기저 질환 및 의심 질환이 있으면 봉사활동에 막대한 지장을 초래하기 때문이다. 신체검사는 정해진 기간 내에 코이카에서 지정해준 병원에서 검진 받았다. 그렇게 일주일이라는 시간이 지나 최종 전형에서 '합격' 메시지를 받을 수 있었다.

#
꿈이 있는 사람은 멈춰있어도 움직인다.
좋은 방향으로 가면 좋은 사람을 만나게 된다. 이는 좋은 것은 확산되기 때문이다.
세상에서 가장 소중한 사람은 나를 알아주는 사람이다.

절대
강점

자신을 내보여라. 그러면 재능이 드러날 것이다.

- 발타사르 그라시안

"월드프렌즈 코이카 봉사단 최종전형 합격을 축하드립니다."라는 합격 안내를 받고 어안이 벙벙했다. 예상하지 못한 결과였기 때문이다. 합격의 기쁨도 잠시, '현실과 이상' 사이에서 고민했다. 어떻게든 서류 접수, 면접, 신체검사까지 통과하여 여기까지 왔는데 문제는 국내 연수 과정이다. 봉사단 최종 합격 후 5주 동안 합숙하며 국내 교육 과정을 이수해야만 했다. 이는 해외파견 근무를 위한 필수 과정이었다. 해외 봉사를 위해 5주간 봉사단 국내 교육에 참여하게 되면 내가 맡은 2학기 수업을 종영할 수 없었다. 장기간의 부재로 학기 중간에 학생들이 수업을 중단해야 하는 사태가 발생하는 것이다. 또한, 학교 개강이 얼마 남지 않은 상황이라 인수인계가 불가능한 상황이었다. 대학 강의는 나의 꿈이었고 해외 봉사활동은 버킷 리스트 중 하나였다. 꿈과 버킷 리스트 둘 중 하나를 선택해야만 했다.

나의 고민은 오래가지 않았다. 오래 고민한다고 달라지는 상황이 아니었으므로 현실과 이상, 아니 꿈과 버킷 리스트 중에서 '꿈'을 선택하기로 했다. 코이카 봉사단 지원을 계기로 다시 한 번 초심으로 돌아가기로 했다. 초심이란 순수한 마음으로 긍정과 희망을 간직한 상태다. 필자 역시 오랜 시간을 투자하여 천신만고 끝에 꿈을 이루고 그 꿈을 좀 더 단단하게 다져가는 중이었다. 하지만 어느새 꿈을 이뤘다는 착각에 빠져 정작 가장 중요한 단계인 꿈을 다져가는 과정에서 방심하고 있었던 것이다. 이러한 방심은 나에게 초심을 잊게 하는 버킷 리스트라는 핑계거리를 가져다줬다.

버킷 리스트의 사전적 의미는 죽기 전에 해야 할 일 또는 달성하고 싶은 목표 목록이라는 뜻이다. 2007년 <버킷 리스트>라는 영화가 흥행하면서 '나만의 버킷 리스트 작성'이 유행처럼 번졌다. 필자 역시 <버킷 리스트>를 감명 깊게 보았다. 영화 속 두 주인공은 다가올 죽음이라는 공통 키워드로 우연히 병원에서 알게 된다. 이들은 얼마 남지 않은 시간 동안 자신이 해보고 싶은 일을 목록에 작성하여 둘만의 여행을 떠난다. 그렇게 새로운 일에 하나씩 도전하며 버킷 리스트를 하나씩 지워나가는 과정을 유쾌하게 그려나간다. 영화는 감동적이면서 많은 교훈을 남겼다. 필자 역시 이 영화를 보고 의미 있는 해외 봉사활동을 버킷 리스트 목록으로 작성했었다.

꿈과 버킷 리스트는 다양한 공통 요소로 교집합을 이룬다. 그렇다면 꿈과 버킷 리스트의 차이점은 무엇일까? 바로 이상과 현실이다. 꿈은 실현하고 싶은 희망 또는 이상이다. 상황에 따라 실현될 가능성이 아주 작거나 전혀 없을 수도 있다. 예를 들어 매주 로또를 구입하며 1등에 당첨되기를 바라는 것처럼 말이다. 물론 로또에 당첨될 수도 있다. 하지만 확률은 매우 희박하며 평생 당첨되지 못할 수도 있다. 그러므로 꿈은 이상이다. 많은 사람이 로또를 사기도 전에 당첨이 되기를 바라는 것처럼 말이다. 하지만 이와 반대로 버킷 리스트는 현실이다. 정확하게 표현하면 꿈보다 현실 가능성이 크다. 버킷 리스트는 죽기 전에 꼭 해야 할 일 또는 ○○세가 되기 전에 하고 싶은 일 등처럼 목표 기한을 설정한 후 본인이 행동으로 옮기면 현실 가능한 일들이다. 예를 들어 필자의 경우 번지점프 해보기가 버킷 리스트 중 하나이다. 높은 번지대에 올라가 외줄 하나에 몸을 의지한 채 나 자신을 믿고 뛰어내릴 수 있는지 시험해보고 싶기 때문이다. 이처럼 꿈과 버킷 리스트는 비슷한 듯 보이지만 다른 특성을 가지고 있다.

고민 끝에 학교 수업과 강의 활동으로 내실을 다지며 꿈을 좀 더 단단하게 만들기로 결심했다. 월드프렌즈 코이카 봉사단의 봉사활동은 잠시 보류하기로 한 것이다. 이는 잠시 보류한 것이지, 절대 포기한 것은 아니었다. 당시 자격 조건으로는 사회복지 분야 하나만 지원할 수 있었다. 다행스럽게도 봉사단 준비를 하면서 좀 더 다양한 봉사활동 기회를 알게 되었다. 다음 기회에 더 많은 분야를 지원할 수 있도록 자격 요건을 갖추기로 다짐한 후, 외국인을 대상으로 한국어를 가르치기 위한 자격을 갖추기 위해 한국어 교원 2급 자격증을 준비하기로 했다. 한국어 교원은 국어를 모국어로 사용하지 않는 외국인, 재외동포를 대상으로 한국어를 가르치는 사람을 말한다. 한국어 교원 자격증은 외국인들에게 우리의 한국어를 가르치는 위해서는 필수적으로 취득해야 하는 국가 공인 자격으로, 문화체육관광부 장관이 부여한다. 우리나라에서는 2005년부터 시행되고 있으며,

이론과 실습 과목 이수를 통해 진행된다. 이는 학점은행제 학위 과정으로 운영되고 있다.

그렇게 봉사라는 순수한 취지로 한국어 교원 과정을 신청했다. 한국어 교원 2급을 취득하기 위해서는 온라인 수업으로 영역별 15과목을 이수하여 필수 학점을 취득해야 한다. 최대로 신청 가능한 교과목 수는 학기별 8과목(24점), 1년 14과목(42학점)으로 제한되어 있다. 또한, 학점 이수 후 마지막으로 국가 지정된 교육기관에서 실시하는 강의 참관, 모의 수업, 강의 실습 등의 교육 실습을 수료하여야 한다. 나는 '이 정도쯤이야.'라며 그 자리에서 교육 과정을 신청했다.

안일한 생각으로 시작한 한국어 교원 과정은 예상외로 타이트하여 처음 1학기에는 7과목을 신청했다. 교육 과정 내내 틈틈이 시간을 내서 온라인 강의를 수강하고, 일정에 따라 중간과제 제출 및 기말시험을 치러야 했다. 한 학기를 무사히 마친 뒤, 다음 해 나머지 7과목을 신청하여 학점을 취득했다. 필수 교과목을 이수한 후 대구 한의대에서 한 학기 동안 진행된 교육 실습까지 수료했다. 무던히 노력한 결과, 1년 6개월이라는 시간이 지나 2020년 8월 한국어 교원 자격을 취득했다. 나의 버킷 리스트에 한 걸음 다가서는 순간이었다.

#

하나의 분야에서 성공하면 그 경험을 통해 다른 분야에서도 성공할 수 있다. 작은 성공이라는 경험을 통해 '열정'이라는 에너지가 만들어지며, 성공을 기대하게 된다. 이러한 기대는 결과로 이어지게 되는데, 내가 원하는 조건을 끌어당겨 새로운 분야에 접목할 수 있기 때문이다.

내가 최고의
브랜드이다

탁월한 수준에 이르는 최고의 비결은 자신의 강점에 집중하는 것이다.

– 도날드 클리프턴

21세기는 1인 기업 시대이다. 오래전부터 수많은 경영학자가 21세기를 '프리랜서의 시대'라고 규정했다. 이를 뒷받침하듯 21세기 지식기반 사회에서 프리랜서의 증가는 두드러지게 나타나고 있으며 예상하지 못한 코로나 사태를 겪으며 시대는 전보다 훨씬 빠른 속도로 변하고 있다. 코로나 사태가 장기화하면서 기존 직장의 개념이 달라지고 고용시장의 지각변동이 일어나고 있다. 이에 따라 일하는 방식과 노동의 형태도 달라지고 있다. 또한, 앞으로의 직장은 안정된 평생직장 및 대기업은 거의 사라지고 N-잡러(2개 이상 복수를 뜻하는 'N'과 직업을 뜻하는 'job', 사람을 뜻하는 '~러(er)'가 합쳐진 신조어로 '여러 직업을 가진 사람'을 뜻함), 프리랜서 1인 또는 몇몇이 운영하는 공유기업 형태가 대부분을 차지할 것이다. 필자 역시 서른이라는 늦은 나이에 공부를 시작하여 어렵사리 박사학위를 취득 후 안정된 평생직장을 꿈꿔왔다. 그런데 대학에서 중장년 대상으로 한 '신중년 특화 과정'을 수업하면서 'job'에 대한 인식을 바꾸게 됐다. 한국폴리텍대학의 신중년 특화 과정은 최근의 인구·산업 환경 변화에 초점을 맞춰 50·60세대의 재취업을 위해 신설된 학과이다. 만 50세 이상의 퇴직자들을 대상으로 하며, 기술·기능 훈련뿐만 아니라 창업 및 마케팅 교육을 포함한 6개월 비학위과정이다. 교육생 대부분이 50~60대 이상으로 대기업 및 자신의 분야에서 20~30년 이상의 베테랑 경력을 자랑하시는 분들이다. 처음 강의를 의뢰받고 연배가 있으신 전문가들을 모시고 어떻게 하면 교육을 제대로 진행할 수 있을까에 대해 고민했다.

학기가 개강하고 '과연 어떤 분들이실까?'라는 설레는 마음으로 강의실을 찾았다. 강의실에 앉아계시는 분들은 어두운 표정으로 컴퓨터 작업에만 열중하고 계셨다. 강의실 안은 어색한 분위기로 너무나 조용했다. 그도 그럴 것이 여기 계시는 선생님들 모두 한 분 한 분 유능한 엘리트 출신으로, 직장에 계셨으면 다들 높은 지위에서 얼마 남지 않은 정년을 기다리고 계셨을 것이다. 한창 왕성하게 사회 활동을 하다가 조선업의 불황으로 인한 구조조정 때문에 희망 또는 명예퇴직이라는 아픔을 겪고 이 자리에 계시는 것이다. 나는 어색한 분위기를 바꿔보고자 큰소리로 씩씩하게 인사를 드렸다. "반갑습니다. 저는 앞으로 수업을 담당하게 된 담당 교수 강민정입니다. 앞으로 잘 부탁드리겠습니다." 수업은 이론 수업과 상담 수업을 병행하며 선생님들과의 라포(Rapport) 형성에 집중했다. 다양한 질문과 함께 선생님들의 의견을 물으며 토론하는 방식으로 수업을 진행했다. 이런 나의 노력이 통하였던 걸까? 처음에는 시선을 회피하던 선생님들이 한 분 두 분 나와 시선을 마주치기 시작했으며, 시간이 지날수록 가족처럼 따뜻하게 나를 반겨주셨다. 덕분에 '오늘은 어떻게 선생님들과 즐거운 시간을 보내지?'라고 생각하며 일주일에 한 번 있는 선생님들과의 수업이 기다려졌다.

하루는 선생님들과 'job'에 대한 이야기를 했다. 선생님들께 A4용지를 나눠드린 후 질문을 드렸다. 하나는 "본인이 지금까지 제일 잘 했다고 생각하는 것은 무엇인가요?"라는 질문과 함께 다른 하나는 "지금까지 제일 후회하는 것은 무엇인가요?"라는 질문이었다. 선생님들은 나의 질문에 잠시 생각에 잠기시더니 금세 A4용지를 채워나 가셨다. "본인이 제일 잘한 일은 무엇인가요?"라는 첫 번째 질문에 대한 답은 대부분 가족이었다. 지금까지 한 집안의 가장으로 열심히 살아오면서 가족을 책임지고 자식들을 교육한 것을 가장 자랑스러 워하셨다. 한 분 한 분 가족을 위해 평생을 헌신하며 살아온 아버지 들이였기에 충분히 공감했다.

한편, 두 번째 질문에 대한 선생님들의 답변에 나는 놀랐다. 대부 분 선생님들이 후회하는 일로 '충성을 다해 한 직장을 평생 다닌 것' 이라고 말씀하셨다. 예상외의 답변에 당황하여 "선생님들 왜 그렇게 생각하세요?"라며 되물었다. 이러한 상황을 조용히 지켜보고 계시던 선생님 한 분이 말씀하셨다. "내가 대학을 졸업하고 이십 대 중반에 혈혈단신 울산에 왔어. 그때부터 A기업에 입사해서 30년을 매일 같 이 같은 곳에 출근했지." 옛 시절이 떠오르셨는지 잠시 생각에 잠기 셨다. 그 자리에 있는 모두가 선생님의 이야기에 귀를 기울였다. 잠 시 후 선생님은 다시 말씀하셨다. "우리 때는 주말도 없이 밤낮으로 일했어. 아침에 눈 뜨면 출근하고 해 떨어지면 집에 와서 눈만 붙이고 자고 다음 날 바로 출근했지. 솔직히 아이들 커가는 모습도 제대로 보지 못했어…. 어느 날 보니 훌쩍 자라있더라고, 그렇게 자란 애들이 지금은 다들 분가해서 사회인이 됐어."라고 말씀하셨다. 다른 선생님들도 공감하시는 듯 고개를 끄덕이셨다. 그리고 다시 "그렇게 30년이라는 시간을 회사에 충성했어. 그런데 어느 날 정리해고 바람이 불더니 하루아침에 내 책상이 없어져 버렸어."라고 말씀하셨다. 갑자기 강의실 안에 무거운 침묵이 흘렀다. "처음에는 잘 됐다 싶었어. 30년 동안 열심히 살았고, 아이들도 분가했으니 그동안의 고생을 보상받는 셈 치고, 하고 싶은 일을 하면서 노후를 보내면 되겠다고 생각했어." 그 후 선생님은 직장인들의 로망인 작은 텃밭이 딸린 전원주택을 구매하셨다고 했다. 처음에는 농사도 짓고, 여행도 다니며 못다했던 일들을 하나씩 이뤘다고 했다. 그런데 그것도 잠시, 시간이 지날수록 삶에 대한 흥미도 떨어지고, 불안해지더라는 것이다. 나는 궁금해서 "선생님, 전원생활은 대부분 직장인의 꿈이잖아요. 선생님 역시 어렵게 꿈을 이루셨는데 왜 전원생활이 재미가 없어지셨어요?"라고 물었다. 선생님은 나를 쳐다보시며 진지한 말투로 "노는 것도 하루 이틀이지. 계속 놀면 재미가 없어. 사람은 적당한 일을 해야 해. 특히 우리 같이 평생 일에만 집중하며 살아온 사람들은 일을 손에서 놓는 그 순간부터 병이 나."라고 말씀하셨다. 선생님의 말씀에 다른 분들도 동의하시는 듯 고개를 끄덕였다.

그 후로도 선생님들과 이런저런 인생 이야기를 나눴다. 선생님들 대부분이 제일 후회하는 것은 정년이 보장된다는 안일한 생각에 다양한 경험을 하지 못한 것이었다. 평생 한 분야의 업무만 취급하다 보니 지금에 와서 나이를 포함하여 다양한 이유 등으로 재취업이 어렵다고 하셨다. 또한, 이제 와서 다른 일을 선택하려고 하니 방법도 모르고 용기가 없다고 하셨다. 그렇게 고민하던 중 신중년 특화 과정을 알게 되었으며, 이번 기회에 새로운 것에 도전해보고자 이 과정을 신청하게 되었다고 하셨다. 그리고 선생님들은 하나같이 나에게 진심으로 "강 교수, 절대 한 직장에 충성하지 마. 평생직장이라는 건 없어. 정년이 보장되는 삶이 아닌 정년을 선택할 수 있는 삶을 살아."라고 조언해 주셨다. '정년을 선택할 수 있는 삶이라고?' 한 번도 생각해보지 못했던 일이라 나도 모르게 정신이 번쩍 들었다. 신중년 특화과정의 수업은 나에게 정년을 선택할 수 있도록 'job'의 인식을 바꾸게 해주었다. 신중년 선생님들과의 인연으로 나의 브랜드가 만들어지는 순간이었다.

#
인생은 숨은그림찾기이자 숨은 '꿈' 찾기이다.
길은 모두에게 열려있지만, 모두가 그 길을 가는 것은 아니다. 정해놓은 삶의 지도를 그대로 따라가면 조금은 안전할 수 있으나, 내가 내 삶의 주인이 될 수는 없다.

강점 SWOT 분석

나는 항상 배움의 자세를 견지함으로써 강점을 유지했다.
배워야 할 새로운 것은 항상 있기 마련이다.   - 재키 조이너 커시

1년 반이라는 시간 동안 세 기수에 걸쳐 진행한 신중년 특화 과정 수업은 나에게 특별한 경험이었다. 인생의 연륜이 묻어나는 선배님들의 조언으로 많은 것을 느끼고 배울 수 있었기 때문이다. 그날 역시 집으로 돌아오면서 '정년을 선택할 수 있는 삶이란 어떤 것일까?'라며 스스로에게 질문을 던져보았다. 며칠을 고민한 끝에 내린 결론은 삶에 가장 가치 있는 나만의 퍼스널 브랜드를 구축하는 것이다. '나'만의 퍼스널 브랜드를 구축한다는 것은 진정한 직업인이 되어간다는 의미이며 남들과 차별화되어 경쟁력 있는 나만의 브랜드를 만드는 것이다. 그렇다면 어떻게 하면 퍼스널 브랜드를 구축할 수 있을까? 이런저런 고민 끝에 나만의 강점 성격을 파악하기로 했다. 구체화된 강점 성격을 위해 총 108개의 단어로 구성된 성격유형 키워드를 활용하여 SWOT 모형 분석을 접목시켜 보기로 했다. SWOT 모형 분석은 마케팅에서 사용되는 기법으로, 기업 내부에서 조직,

팀, 개인의 역량, 강점과 약점, 외부 환경 요인인 기회, 위협 요인을 분석·평가하고 이들을 연관시켜 전략을 개발하는 툴(TOOL)이다. 또한, SWOT 분석은 상황을 종합적으로 고려하여 어떤 전략을 통해 대책을 만들 것인지를 분석할 수 있는 도구로서, 자신의 내부 요인인 성격의 강점과 약점을 알면 외부 요인인 기회와 위협을 예방 및 해결할 수 있다. 여기서 Strength는 강점을 의미하며 '나'라는 브랜드가 경쟁 업체보다 더 나은 강점을 지니고 있는지 파악하는 것을 의미한다. 이는 가장 특화된 부분이자 자신만의 강력한 아이템으로 치열한 경쟁 시장에서 강한 무기로 활용할 수 있다. 이와는 달리 Weakness는 나에게 가장 약한 부분인 약점을 의미한다. '나'라는 브랜드의 약점을 보완하거나 강점을 더욱 부각하여 약점을 최소화할 수 있다. Opportunity는 기회를 의미하며, 외부 환경에서 유리한 기회 요인이 무엇인지를 파악한다. 마지막으로 Threat은 악재로 작용할 만한 위협 요인을 파악하는 것이다.

<SWOT 분석>

- 가장 잘하는 것은 무엇인가?
- 가장 좋아하는 것은 무엇인가?
- 가장 재미있는 것은 무엇인가?

- 가장 못하는 것은 무언인가?
- 가장 하기 싫은 것은 무엇인가?
- 가장 따분한 것은 무엇인가?

강점	약점
기회	위협

- 기회 및 가능성
- 트렌드 환경 변화

- 현재 상황에서 불리한 요소 나열

<성격유형 키워드 찾기>

꿈	경험	꼼꼼함	객관성	관계	겸손
개념	공감	깊이 추구	감수성	가치	긍정
관찰	결단	결정	감성	경쟁	가능성
계획	나약	낙천적	논리	나태	동기화
독립	독창	도전	독특한	리더	모험
만족	무의미	민첩	목표	무료함	배려
반복	변화	분위기	비전	배움	분석
소속감	사실	시간 활용	성실	수용	신념
실행	상상	성장	속도	선행	사교적
솔직함	새로움	성취	소통	온화하다	열정
안정	융통성	양보	완벽 추구	이론적	아이디어
의지	영감	업무	이상	여유	전략
적응	정리	조화	자연	정확도	조직화
재치	존중	전통	즐거움	주장	참여
철저한	책임	친절	추진력	체계	칭찬
창의성	토론	통합	통찰력	탐색	통제
판단	평가	표현	포용	후회	현실
협력	효율적	회피	활발함	호기심	행동

#

변화를 원하지 않는 사람은 운명이 있다고 믿고, 변화를 원하는 사람은 기회가 있다고 믿는다. 내 안의 가능성을 찾아라. 그리고 축적의 시간을 버텨라. 그렇게 거인이 되어라.

선택과 집중이 아닌
선택 후 집중

모든 사람은 경탄할 만한 잠재력을 가지고 있다. 자신의 힘과 젊음을 믿어라. '모든 것이 내가 하기 나름이다.'라고 끊임없이 자신에게 말하는 법을 배우라.   - 앙드레 지드

나에게는 40대에 이루고 싶은 '꿈'이 있다. 학위 과정을 거치면서 생긴 또 다른 꿈이다. 30대 나의 꿈은 더도 말고 덜도 말고 딱 10년만 공부하여 마흔이 되기 전 박사학위를 취득하는 것이었다. 천신만고 끝에 첫 번째 꿈은 이루어졌다. 40대의 꿈은 50대가 되기 전 전국을 누비는 인기 강사가 되는 것이다. 지금도 그 꿈은 현재 진행 중이다. 주어진 환경에서 최선을 다하는 마음으로 대학교와 고등학교수업을 하며 강의에 대한 경력을 쌓아가고 있다. 또한, 주말과 방학기간에는 관공서와 기업체 대상으로 틈틈이 외부 강의를 진행하며실력을 쌓아가고 있다.

박사 학위를 취득 후 필자가 느낀 것은 각 분야의 전문가가 넘쳐난다는 사실이다. 정보화 시대에 걸맞게 인터넷 검색 한 번으로 법

률, 지식, 재테크 등 전문가들의 다양한 정보를 손쉽게 구할 수 있다. 하지만 모든 분야에서 완벽한 전문가는 없다. 필자가 정의하는 완벽한 전문가란 끊임없이 자기 성찰을 하며 성장하는 이들이다. 현실의 세계는 냉혹하며 치열하다. 치열한 경쟁 속에서 살아남기 위해서는 경쟁자들과 차별화하여 자신의 퍼스널 브랜드를 구축해야 한다.

이때 '이루고 싶은 것'이 아니라, 실제 '이룬 것'만이 자신의 브랜드가 된다. '나'라는 사람이 속해 있는 주력 분야에서 탁월함을 인정받아 나만의 브랜드를 구축하기 위해서는 적절한 포지셔닝 전략이 필요하다. 포지셔닝이란 마케팅에서 사용하는 용어로, ≪포지셔닝≫의 공동 저자인 알 리스와 잭 트라우트에 의해 알려졌다. 포지셔닝의 정의는 학자마다 조금씩 다르게 해석되지만, 기본적인 맥락은 다음과 같다. "하나의 제품이나 서비스 혹은 소비자들의 인식 속에 특정한 이미지로 자리 잡게 하는 일 또는 전략." 즉, 이미지를 고객의 마음에 자리 잡게 하는 것이다. 급변하는 시장의 흐름 속에서 수많은 기업이 경쟁 기업과의 명확한 차별화를 만들고 유리한 고지를 선점하기 위해 포지셔닝의 중요성을 강조하고 있다. 애플의 개발자이자 전문 투자자인 가이 가와사키는 제대로 된 포지셔닝을 만들려면 '당신은 무엇을 하는가?'에 대한 메시지가 함축되어야 한다고 주장했다.

포지셔닝 핵심 전략을 요약하면 다음과 같다.

1. 남들과 차별화되는 핵심적인 경쟁력을 갖춰야 한다.
2. 최대한 작게 그리고 먼저 시작하라.
3. 일관성을 유지하라.

필자 역시 '강의'라는 꿈이 생겨 공부를 하면서 대학교수라는 정년이 보장되는 안정적인 직업을 원했다. 불확실한 고용시장과 냉혹한 현실 앞에 '정년을 보장하는 삶'은 가장 확실한 방법이라 생각했다. 신중년 특화 과정에서 '정년을 선택할 수 있는 삶'을 살라는 인생 선배님들의 진심 어린 조언을 듣기 전까지는 말이다. 40대의 꿈을 위해 내가 원하는 일을 하면서 '정년을 보장하는 삶'이 아닌 '정년을 선택할 수 있는 삶'을 살기 위해서는 작은 변화가 필요했다. 변화하기 위해 "지금 당장 내가 할 수 있는 것이 무엇일까? 그리고 내가 해야 하는 것은 무엇일까?"라고 스스로 질문을 던졌다. '정년을 선택할 수 있는 삶'을 위해 SWOT 분석을 통하여 포지셔닝 전략을 활용하기로 했다. 나만의 아이템으로 퍼스널 브랜드를 구축하기 위함이었다. 우선 성격유형 키워드를 활용하여 내부 요인인 강점과 약점에 관련된 질문과 단어를 찾아보았다.

- **강점(Strength) 질문**
  1. 가장 잘하는 것은 무엇인가? – 판단(말), 추진, 실행, 결정, 책임, 계획, 분석, 시간 활용, 의지, 속도
  2. 가장 좋아하는 것은 무엇인가? – 성취, 경험, 성장, 배움, 행동, 생각, 조직화, 칭찬, 평가, 활발함
  3. 가장 재미있는 것은 무엇인가? – 꿈, 소통, 경쟁, 사교적, 재치, 일, 목표, 협력, 탐색, 전략

- **약점(Weakness) 질문**
  1. 가장 못 하는 것은 무엇인가? – 감성, 표현, 만족
  2. 가장 하기 싫은 것은 무엇인가? – 반복, 후회, 나약, 나태, 회피
  3. 가장 따분한 것은 무엇인가? – 무료함

이상으로 분류했다. 이를 다시 ◎강점 - 경험, 결정, 계획, 성취, 속도, 시간 활용, 의지, 조직화, 추진, 책임, ◎약점 - 감성, 나약, 나태, 만족, 무료함, 반복, 이상, 표현, 후회, 회피 등 각각 10개의 키워드로 요약했다. 다음은 외부 요인인 ◎기회(Opportunity) 요인이다. 외부 환경에서 유리한 기회 요인이 무엇인지를 파악하기 위해, 트렌드에 따른 환경 변화 속에서 기회와 가능성을 찾아보기로 했다. 첫째, 트렌드에 따른 환경 변화 요인은 코로나 여파로 인한 대학 수업의 패러다임 변화와 함께 언택트(사람과 사람이 직접 접촉하지 않음을 뜻하는 신조어) 시대에 맞는 온라인 강의 활성화이다. 둘째, 기회 및 가능성의 요인으로, 사람의 성격은 누구나 궁금해 하는 영역으로 다양한 관계에 중요한 영향을 끼친다는 점, 강점 성격이라는 확실한 아이템을 활용하여 온라인 강의에 발 빠르게 대응할 수 있다는 점으로 정리했다. 마지막으로 ◎위협(Threat) 요인의 가장 큰 부분을 차지하는 것은 코로나 사태로 인한 외부 강의 및 활동 불가이다. 강의의 특성상 다수의 사람을 대상으로 집합된 장소에서 이루어져야 하는데, 코로나 여파로 인한 사회적 거리 두기로 인해 이는 현재 불가능하기 때문이다. 그렇다고 마냥 기다릴 수는 없는 상황이라는 생각이 들었다.

<SWOT 분석 결과>

시간 활용　결정　경험
계획
　추진　　성취
　　책임
속도
　의지
　　조직화

강점	약점
기회	위협

무료함을 못 참음
　　성급한 판단
　추상적 이론
지나친 업무 중심

　감성적 표현 부족

- 트렌드 환경 변화
- 코로나 사태로 강의 패러다임 변화
- 온라인 강의 대세
- 기회 및 가능성
- 아이템 선정 후 비대면 수업 경험을
  활용하여 변화에 발 빠르게 대응

- 현재 상황에서 불리한 요소
- 코로나로 인한 외부 강의 및
  활동 제약

\#

실패하지 않고 싶다면 약점을 보완해야 하지만, 크게 성공하고 싶다면 강점에 집중해야 한다.

CHAPTER 6

강점으로 다져진
그들이 온다

꿈 너머
꿈

심리학에는 한 가지 법칙이 있다. 이루고 싶은 모습을 마음속에 그린 다음 충분한 시간 동안 그 그림이 사라지지 않게 간직하면, 반드시 그대로 실천하게 된다.　　　　　　　　　－ 윌리엄 제임스

강사라는 직업은 참 매력적인 직업이다. 자신만의 콘텐츠가 있으면 누구나 시작할 수 있으며, 끊임없는 자기 계발로 지속적인 성장이 가능하다. 여행을 좋아하는 필자의 경우 근무 환경이 한 곳에 얽매이지 않아 전국이 강연장이 될 수 있다. 또한, 근무 시간이 자유로워 독립 활동 및 겸업이 가능하다. 결정적으로 내가 활동하는 시기와 은퇴시기를 스스로 선택할 수 있는 정년이 없는 평생 직업이다. 가장 이상적인 '정년을 선택할 수 있는 삶'인 것이다. 물론 어려운 부분도 있다. 프리랜서의 직업적 특성상 경쟁이 매우 치열하여 살아남기 위해서는 자신만의 뚜렷한 콘텐츠를 개발해야하며 지속적인 자기 계발을 위해서 시간, 비용, 노력이 많이 소요된다. 결정적으로 자리를 잡을 때까지 고정적인 수입을 창출하기가 어렵다. 특히 코로

나와 같은 예상하지 못한 상황이 발생하면 더욱더 그렇다. 그래서 필요한 대안으로 고정적인 수입을 낼 수 있는 경로와 함께 몸값 즉, 강의료를 올리는 것이다. 학교 강의를 통해 고정적인 수입 경로를 만들고 시간을 활용하여 강사로서 필요한 역량을 쌓는 것이다. '꿈 너머 꿈'인 40대 꿈에 강점 성격을 접목하여 전국을 누비는 인기 강사가 되는 것이다. 이를 위해 몸값을 올리기 위한 플랜을 작성했다.

- 블로그 작업하기
- SNS 마케팅 활용하기
- 감사일기 쓰기
- 책 집필하기
- 1인 크리에이터 도전
- 파트너십 네트워크 형성하기
- 봉사활동 및 재능 기부로 아노 소사이어티 가입하기
- 웹툰 작가 되기
- 영화 시나리오 써보기
- 건강 관리하기

이상으로 리스트 작성 후 이를 통해 단기, 중기, 장기 계획을 3년 단위로 수립했다.

단기 계획	2021~2023년	• 2021년 이내 책 집필하기 • 2021년 1인 크리에이터 도전 • 2023년 이내 두 번째 책 집필하기
중기 계획	2024~2026년	• 2024년 SNS 마케팅을 활용하여 팔로워 수 1만 목표 • 2025년 웹툰 작가 도전하기
장기 계획	2027~2029년	• 2028년 영화 시나리오 도전 • 2029년 봉사활동 및 재능 기부로 아노 소사이어티 가입하기

단기 계획으로 책 집필을 위해 매일 감사일기와 블로그 작업으로 글쓰기 연습하기이다. 다음으로 크리에이터 도전을 위해 지역 내 교육 수강하기이다. 중기 계획으로 현재 활동하고 있는 SNS 팔로워 수를 늘리기, SNS 마케팅 역량을 기르기, 업무관련 종사자들과 네트워크 형성하기이다. 그리고 웹툰 작가가 되기 위해 관련 동호회 활동하기이다. 장기 계획으로 첫 영화를 위해 시나리오 공부하기, 꾸준한 봉사활동 및 재능 기부를 지속하여 1억 기부자들의 모임인 아노 소사이어티 회원 가입하기이다. 그리고 마지막으로 꿈 너머 꿈을 달성하기 위해 반드시 건강해야 하므로 일주일에 세 번 이상 유산소 운동 1시간 이상하기이다. 사실 강사라는 직업은 당장 돈도 안 되고 애로 사항이 많은 직업이다. 하지만 세상에 쉬운 일이 어디 있으랴… 신중년 특화 과정의 인생 선배님들이 말씀하셨듯이 사람은 평생 일을 하며 경제적인 활동을 해야 한다. 이왕 직업을 선택할 것이라면 내가 좋아하는 일 그리고 내가 하고 싶은 일을 선택하자는 것이 필자의 생각이다. 팍팍한 내 마음에 촉촉한 단비를 내릴 수 있는 건 언제나 내 자신뿐이다. 어떠한 상황에서도 꿈 너머 꿈이 이루어질 수 있다는 가능성은 삶을 흥미롭게 한다. 때로는 앞이 보이지 않아 포기하고 싶어도 '한 번만'이 아닌 '한 번 더'라고 생각해야 한다.

모든 것에 의미를 부여하면 세상에 버릴 것 하나 없다. 무기력에 빠지면 답이 보이지 않는 것이 아니라, 답이 '없어지기' 때문이다.

주어진 삶에서 최선을 다해 세월을 견디고 극복하고자 노력하면 언젠가 자리 잡을 날이 오리라 확신한다.

#
현재를 활용하여 미래를 노래하라. 정말 행복한 사람은 모든 것을 가진 사람이 아니라 지금 하는 일을 즐거워하며 자신이 가진 것에 만족하고, 하고 싶은 일을 마음껏 하는 사람이다.

진정한
나다움이란

인간은 세상을 이해해야만 한다. 세상을 이해하기 시작하면 그 사
람이 비로소 세상에 발 딛고 있는 자기 자신을 이해할 수 있게 되며
이는 더 깊이 세상을 이해하는 토대가 된다.   - 비트겐슈타인

우연히 인터넷에서 "살면서 중요한 말은 here & now이다."라는
글을 읽은 적이 있다.

> 인생이란 바로 '여기(here)와 지금(now)이다. 행복을 느낄 시간과 공간
> 과 사람은 바로 지금이다. 지금 여기에서 함께 하는 사람들과 어울려
> 한 번이라도 웃으며 이야기를 나눌 수 있는 내가 바로 즐거움이다. 살
> 아보니까 그렇다. 뇌 속에서 행복을 만드는 물질은 엔돌핀이다. 엔돌핀
> 은 과거의 행복한 추억 때문에 생기는 게 아니라 지금 내가 즐거워야
> 엔돌핀이 형성된다. (본문 중에서)

글을 작성하신 이는 의과대학 교수였으며 정신과 전문의로 50년
간 15만 명의 환자를 돌보고 학생을 지도하신 79세의 노인이다. 이
분의 말씀처럼 행복을 느끼는 순간은 바로 지금이다. 나에게 주어

진 삶을 감사한 마음으로 받아들이고 이로 인해 함께하는 이들과 웃을 수 있다는 것은 인생의 가장 큰 기쁨이며 가장 나다운 행복인 것이다.

그렇다면 가장 나다움이란 무엇일까?

작은 도서관에서 진행되는 평생학습 프로그램에 참여한 적이 있다. 다양한 프로그램으로 한 달간 진행되는 교육 과정으로 당일 프로그램으로 두꺼운 색상지와 매직으로 마이 스토리 북을 만드는 시간이었다. 안내에 따라 종이를 접고 오리며 순서에 따라 가장 앞면부터 제목, 10년 전의 나의 모습(10년 전 나에게 하고 싶은 말), 현재의 나의 모습(현재 나에게 하고 싶은 말), 10년 후 나의 모습(10년 후 나에게 하고 싶은 말), 마지막으로 묘비명 순으로 작업하는 과정이었다. '마이 스토리 북이라고? 나에 대해서 무슨 이야기를 어떻게 해야 하는 거지?' 막상 스토리 북을 만들려고 하니 어디서부터 어떻게 해야 할지 막막했다. 한참 고민 후 '그래, 말 그대로 마이 스토리 북이니 가장 나다움을 한 번 이야기해 보자.'라고 생각했다. 우선 나를 알아야 가장 나다울 수 있기에 나다움이 무엇인지 스스로에게 질문을 던져봤다.

첫 번째 질문 - 나의 가장 큰 관심사는 무엇인가? (가치발견)

두 번째 질문 - 어떻게 가치 있는 삶을 살 것인가? (삶의 목표)

세 번째 질문 - 앞으로 나는 어떤 사람이 되고 싶은가? (자기신념)

나의 삶에 가장 영향력을 미친 것은 아버지의 장례를 치르면서 깨달게 된 배움의 가치(가치 발견)였다. 끊임없는 학습을 통해 자아를 찾아가게 되면서 나를 인정하고 주변인들을 이해할 수 있었다. 또한, 이러한 과정에서 습득하게 된 지식과 경험을 누군가와 함께 공유하고 나의 재능을 나눠주고자 하는 새로운 꿈(삶의 목표)도 생겼다. 마지막으로 나의 좌우명은 'here & now'이다(자기 신념). 10년 전 성교육 강의를 들으며 강사님이 하신 말씀이 너무 각인되어 그때부터 후회 없는 삶을 살고자 좌우명을 here & now로 삼았다.

필자가 생각하는 나다움이란 내가 가지지 못한 것에 기죽지 않고, 내가 가진 것을 당당히 보여주는 것이다. '과연 세월이 흘러 내가 듣고 싶은 말은 무엇일까? 또한, 나에게 가장 해주고 싶은 말은 무엇일까?'라는 생각으로 페이지를 하나씩 채워나갔다. 책 제목은 '넌 참 괜찮은 사람이야'로 정했다. 사람의 인간관계는 난로와 같아서 적당한 거리를 유지해야한다. 처음에는 좋았는데 시간이 갈수록 나빠지는 관계가 있고, 반대로 처음에는 그저 그랬는데 시간이 지날수록 끌리는 사람도 있다. 필자는 시간이 지날수록 끌리는 괜찮은 사람이 되고 싶었다. '괜찮다'의 사전적 의미는 "별로 나쁘지 않고, 보통 이상으로 좋다"이다. 필자는 "민정씨, 참 괜찮은 사람이네요."라는 말을 들었을 때 가장 기분이 좋았다. 시간이 지나 나를 뒤돌아봤을 때 스스로에게 "강민정, 넌 참 괜찮은 사람이야."라고 말해주고 싶다.

지금으로부터 10년 전의 나의 모습을 그려봤다. 한 손에는 책을 들고, 다른 한 손에는 서류 가방을 들고서 결의에 찬 눈빛으로 열심히 달리고 있는 모습이었다. 돌이켜보니 내 인생에서 가장 치열하게 살았던 시절로, 한국방송통신대학교에 편입하여 정신없는 하루를 보내고 있을 시기였다. 24시간이 모자를 정도로 열심히 살았던 10년 전 나에게 하고 싶은 말은 "민정아, 잘하고 있어."이다. 끝이 보이지 않는 기나긴 터널을 지나오면서 수없이 포기하고 싶었던 순간들이 있었다. 하지만 그럴 때마다 나에게 '괜찮아. 이 순간을 넘기면 금방 괜찮아질 거야.'라고 스스로를 격려하며 나 자신을 믿었다. 그렇게 어둡고 긴 터널을 지나왔기에 10년 전 열심히 사는 나에게 잘하고 있다고 격려해주고 싶었다.

다음은 현재의 나의 모습을 그려보았다. 10년 전과 똑같이 양손에 책을 들고 있지만, 표정에는 많은 변화가 생겼다. 결의의 찬 눈빛보다 당당하지만 부드러운 카리스마로 조금은 여유가 생긴 모습이다. 10년이라는 시간 동안 수없이 흔들리면서도 끝까지 포기하지 않았던 나에게 "수고했어. 그동안 참 많이도 애썼다."라는 따뜻한 말 한마디와 함께 꼬옥 안아주고 싶었다. 10년이라는 지난 시간을 떠올려보니 더는 무슨 말이 필요하겠냐는 생각이 들었다.

10년 후 나의 모습도 그려봤다. 지금보다 눈가에 주름이 많아지고 희끗희끗 흰머리도 많아진 중년의 모습을 하고 있겠지만 온화한 표정으로 여전히 두 손에는 책을 들고 있을 것이다. 그리고 꾸준한 봉사활동과 함께 나에게 주어진 삶을 열심히 살아가며 의미 있는 하루를 보내고 있을 것이다. 10년 후 나에게 하고 싶은 말은 "그래, 오늘 하루도 수고했어."이다.

마지막 페이지는 묘비명을 작성했다. 나는 한치의 망설임도 없이 "참 괜찮은 사람 강민정, 이곳에 잠들다."라고 작성했다. 순간 나도 모르게 코끝이 찡해졌다.

세상을 살아가는데 있어 두 가지 방법이 있다고 한다. 첫 번째, 남들이 가는 길을 따라가는 것. 두 번째, 오로지 나만의 길을 가는 것이다. 치열한 경쟁 속에 다수가 망하고 소수만이 살아남는 시대이다. 2020년 코로나라는 예상치 못한 변수로 더욱 양극화 현상이 생겼다. 남들이 가는 길을 똑같이 걸어간다는 것은 곧 망하는 지름길이다.

잠시 멈춰 호기심 가득 담아 "과연 나답다는 것은 무엇일까?" 라며 스스로에게 질문을 던져보라. 목적지를 분명히 알고, 그곳을 향해 포기하지 않고 자신의 속도로 걸어 나갈 때 그것이 진정한 나다움이다. 그리고 잠시 가던 길을 멈추고 앞으로 내가 가야할 길을 바라보라. 사람은 누구나 가보지 않은 길을 간다. 결국, 그 길은 누군가가 만들어 놓은 길이 아니라 내가 만들어 가야만 하는 길이다. 그렇게 포기하지 않고 한 걸음씩 내딛는 순간, 내가 가는 길이 진짜 나만의 길이 된다. 세상에 안 하면 안 되겠지만, 해서 안 될 것은 없다. 가장 나다움으로 행동하라. 자신이 누릴 수 있는 것만이 진정 자신의 것이며, 진정으로 누릴 수 있을 때 내 삶의 진짜 주인공이 된다. 그렇게 시간이 지나 어느 날 내 삶을 정리해야 할 때가 온다면 가장 나다운 모습으로 망설임 없이 '강민정, 넌 참 괜찮은 사람이었어.'라고 나에게 말해주고 싶다.

\#
진정한 나다움은 자연스럽다.
억지로 꾸밀 필요가 없기 때문이다.

잘하는 것을
잘하면 돼

가장 좋아하는 일을 하라.

그리고 그 일을 통해 다른 사람들을 즐겁게 하라.

- 혼다 켄, 《돈과 인생의 비밀》 중에서

강의하다 보면 많은 이가 "아직도 내가 무엇을 잘하는지 모르겠어요."라고 고민을 털어놓는다. 진로 결정 및 취업 준비를 하다보면 개인 상담을 요청하는 경우가 많다. 그럴 때마다 학생들에게 "걱정 마. 지금부터라도 찾으면 돼."라고 말해준다. 세상의 모든 일은 자신이 스스로 관심을 가질 때 제대로 보이기 시작한다. 필자 역시 '과연 내가 잘하는 것은 무엇일까?'라는 고민을 수도 없이 했다.

뒤늦게 공부를 시작하여 서른이 넘어서야 겨우 내가 무엇을 잘하는지, 무엇을 원하는지 알게 됐다. 또한 꿈을 이뤄가는 과정에서도 '과연 내가 잘하고 있는 걸까?'라는 불안한 생각에 꿈을 포기할까 말까 수없이 고민했다. 필자는 그런 고비가 올 때마다 스스로에게 L·B·F 질문을 했다. L·B·F 화법은 자신이 좋아하고(like), 잘하고

(Best), 재미있는(Fun) 것을 스스로에게 질문해 보는 것이다.

첫 번째, Like이다. "내가 가장 좋아하는 것은 무엇인가?"라는 질문이다. 좋아한다는 건 자신의 느낌과 생각을 통해 관심 분야를 발견하는 것이다. "노력하는 자는 즐기는 자를 이길 수 없다."라고 하지 않았던가? 좋아하지 않으면 절대 즐길 수 없다. 어릴 적부터 필자는 말하는 것을 좋아했다(like), 두 번째, Best이다. "내가 가장 잘하는 것이 무엇인가?"라는 질문을 통해 자신의 강점을 발견하는 것이다. 강점은 몰입과 연결되어 있으며 자신이 잘하는 것에 집중할 수 있을 때 역량을 강화할 수 있다. 필자는 논리정연하게 말을 잘했다(Best). 세 번째, Fun이다. "내가 가장 재미있어하는 것은 무엇인가?"라는 질문이다. 데일 카네기는 "자신이 하는 일을 재미없어하는 사람치고 성공하는 사람을 보지 못했다."라고 말하였다. 재미있으면 볼 근육이 저절로 올라간다. 이러한 재미는 흥미를 유발하고 성장할 수 있는 원동력이 된다. 필자는 많은 사람이 나의 이야기에 귀 기울여줄 때 가장 재미있었다(Fun). 어릴 적부터 수없이 들은 이야기가 있었다. "너 말을 참 잘하는구나."이다. 유년시절부터 유독 호기심이 많았던 나는 끈임 없이 "이게 뭐야?", "왜?"를 묻고 되물었다. 학창시절에도 쉬는 시간이면 어김없이 친구들과 함께 이야기 삼매경에 빠지기도 했다. 초등학교 시절 부모님의 사업이 바쁘신 관계로 우리 삼남매는 조부모님과 함께 생활을 했다. 그럼에도 불구하고 필자는 시간이 날 때마다 부모님을 찾아가 온종일 학교에서 있었던 일을 시시콜콜 이야기하곤 했다. 그렇게 필자는 '말이 많은 아이'인 줄만 알았다.

또한, 말하는 것만큼 좋아하는 일이 독서였다. 호기심이 많은 필자는 어릴 적부터 책에 관심이 많았다. 초등학교 1학년 시절 우연히 친구 집에 초대받았다. 반장이었던 친구의 방은 아기자기한 책상과 침대로 예쁘게 꾸며져 있었다. 게다가 한 쪽 벽면의 책장에는 동화책, 위인전, 백과사전 등 다양한 책으로 가득 채워져 있었다. 너무나 충격이었다. '다양하고 재미있는 책들이 이렇게나 많다니.' 그때만 해도 작은 단칸방에 다섯 식구가 옹기종기 모여 살던 시절이라 책이 가득한 내 방은 상상도 할 수 없었다. 그렇게 일주일에 한두 번은 꼭 친구 집에 들러 몇 시간씩 책을 읽었다. 그럴 때마다 친구 어머님은 상냥한 미소로 맛있는 간식을 내어주셨다. 그다음 해 친구가 전학하기 전까지 일 년이라는 시간 동안 친구 어머님께 민폐를 끼쳤다. 지금 생각하면 어린 내가 눈치가 없어도 너무 없었던 것 같다.

감사하게도 그 일을 계기로 독서에 흥미를 갖게 된 필자는 그 뒤로도 동화책, 만화책, 소설책, 잡지 등 가리지 않고 시간이 날 때마다 책을 읽었다. 이러한 책 읽기는 시간이 지나 사춘기가 되면서 독서하는 습관이 만들어졌다. 단짝 친구와 서로 누가 책을 많이 읽나 내기를 하며, 각자 용돈을 모아 서점 데이트를 즐기기도 했다. 한 달에 한 번 친구와 함께 서점을 들러 새로운 책을 만났다. 맛있는 간식을 먹으며 우리만의 열띤 토론시간을 가졌으며 각자가 구입한 책을 교환하여 읽기도 했다. 그렇게 나만의 책장을 조금씩 채워나갔다. 돌이켜보면 초등학교 시절 읽었던 책들이 지금껏 살아오면서 나에게 큰 영향을 미친 듯하다. 때로는 힘든 고비로 인해 포기하고 싶은 순간이 올 때마다, 책은 나를 버티게 해주는 큰 힘이 되었다.

어릴 적부터 말이 많았던 아이는 어른이 되어서도 말이 많은 줄만 알았다. 서른이 넘어서야 배움의 기회를 통해 말이 많았던 것이 아니라 말하는 것을 좋아하고, 말을 잘하는 재능을 발견하게 됐다. 비록 오랜 시간이 걸렸지만, 말을 하는 특별한 재능을 통해 내가 좋아하는 일을 찾은 것이다. 말을 좋아하는 사람들은 말할 때 에너지를 얻는다. 필자 역시 말에 대한 재능을 발견하게 되면서 꿈이 생겼다. 그 꿈은 말 잘하는 사람이 아니라 잘 말하는 사람이 되는 것이다. 내 삶에서 기쁨을 찾고, 내가 하는 말이 또 다른 누군가에게 기쁨이 된다면 그보다 더 큰 삶의 즐거움이 있을까? 생각만 해도 가슴 설레는 일이다. 마이 스토리로 가득 찬 삶이 진짜 재미있는 삶이다. 힘든 고비마다 나를 포기하지 않은 것은 참 괜찮은 일인 듯하다. 내 꿈이 성장해서 결국 나를 괜찮은 사람으로 만들어주었기 때문이다.

#
일단은 다 잘할 수 없어요. 하나 잘못했다고 너무 속상하지 마세요.
잘하는 게 분명 있을 겁니다. 그걸 더 잘하면 돼요. - 펭수

경단녀가 아니라
강단녀가 되어라

꿈을 갖고 배우며 변화를 도모하기에 너무 늦은 때는 없다.

－ 시어도어 루빈

세계에서 가장 영향력 있는 여성으로 불리는 미국의 유명한 방송인 오프라 윈프리. 그녀의 유년 시절은 어둡기만 했다. 사촌 오빠로부터 성폭행을 당하고, 14세에 미혼모가 되었으며 2주밖에 안 된 자신의 아이를 떠나보내는 등 상당한 고난을 겪으며 불우한 어린 시절을 보내야만 했다. 그러나 그녀는 힘든 상황이 닥칠 때마다 포기하거나 물러서지 않았다. 그녀는 버릇처럼 "나의 미래는 밝을 거야."라며 스스로를 격려했다고 한다.

물감을 아끼면 그림이 실패하듯, 꿈을 아끼면 꿈을 이룰 수 없다. 세상에는 두 부류의 사람이 있다. 첫 번째, 꿈만 꾸는 사람들이 있으며, 두 번째, 꿈을 이루는 사람들이 있다. 꿈을 이룬 사람과 이루지 못한 사람의 차이는 꿈을 이루기 위해 자신의 모든 것을 올인 했는지, 안했는지의 차이뿐이다. 꿈을 이루고 싶다면 강점 5S 키워드를 활용하라. 꿈꾸는 방법을 모르면, 꿈을 이루기 어렵다. 간절하며 끈질기고 진실한 꿈의 생각이 나의 운명이 된다. 강점으로 단단해진 그들이 온다.

강점 5S 키워드

1. Strength(강점)
2. Study(공부)
3. Smile(미소)
4. Story(이야기)
5. Start(시작)

첫 번째, 자신의 강점(Strength)을 발견하라. 강점은 남들보다 뛰어나거나 유리한 점으로 자신의 재능일 확률이 높다. 온라인 게임에서도 레벨을 올리기 위해 아이템을 상황에 맞게 활용해야 한다. 인생은 내가 주인공인 가장 난이도가 높은 게임이다. 온라인 속 연습 게임이 아니라 현실 속 진짜 게임이다. 내가 주인공인 인생이라는 게임에서 '나'라는 캐릭터에 알맞은 강력한 아이템이 필요하다. 철학자 아리스토텔레스의 말에 의하면 "인간은 혼자서 살아갈 수 없다." 인간은 타인과의 관계를 맺고, 더 나아가 공동체 속에서 하나의 구성원으로서 존재하며 살아간다. 특히 강점 성격은 다양한 관계 속에서 우리가 생각하고, 느끼며 행동하는 방식에 많은 영향을 미친다. 강점 성격은 자신의 본질이기에 영원히 지속된다. 지금부터 자신의 약점이 아닌 강점 성격을 발견하라.

두 번째, 끊임없이 공부(Study)하라. 강점 성격을 인지하는 것은 시작일 뿐이며 이를 더 활용하기 위해서는 강점 성격을 개발하는 것이 중요하다. 학습은 특정한 목적을 마음에 두고 시작할 때 더 효과적이며, 배움에 대한 노력만큼 자신의 인생을 정직하게 역전시키는 일은 드물다. TV, 인터넷, SNS, 신문, 라디오 등 수많은 정보 매체에서도 다양한 정보를 얻을 수 있으며 사람들과의 관계 및 대화에서도 새로운 것을 배울 수 있다. 배울 게 가득하여 넉넉하기만 한 세상이다. 공부는 책으로만 하는 것이 아니다. 방대한 지식보다 배우려는 태도가 중요하며, 직접 경험보다 더한 학습은 없다. 이에 따른 자신의 강점 성격을 발견했다면 지속적인 배움을 통해 강점 성격을 활용하라. 배움에 대한 시간 낭비란 없으며, 이 세상 최고의 재테크는 '나'라는 가치주에 장기 투자하는 것이다. 그 어떠한 경우에도 물처럼 새거나 허비되지 않으므로, 자신의 꿈을 위해 배움에 대한 투자를 아끼지 마라.

세 번째, 어디에서나 웃음(Smile)을 잃지 말라. 笑門萬福來(소문만복래; 웃는 문으로 만복이 들어온다), 웃는 얼굴에 침 뱉으랴 등 우리나라 속담에도 웃음에 관한 명언이 많다. 사람의 시각, 청각, 후각, 미각, 촉각 중 가장 발달한 감각기관은 시각이다. 시각은 감각기관 중 가장 많은 정보를 제공해주는 기관으로, 사물의 판단에 중요한 영향을 미친다. 사람과 사람 사이에서 가장 중요한 것은 바로 첫인상이다. 첫 만남에서 상대방에게 나의 첫인상이 결정되는 시간은 단 5초이며, 이는 '5초의 법칙'이라 불린다. 이는 초두 효과로 인해 첫인상이 잘못 입력되면 좋은 면까지 거부하게 되는 현상으로, 상대방이 나를 처음 봤을 때의 이미지가 오랫동안 지속된다. 좋은 첫인상을 남기기 위해서는 부드러운 눈빛과 환한 미소가 필수이다. 이미지는 자신에 대한 또 다른 표현으로, 좋은 이미지는 성공 뒤에 오는 것이 아니라 오히려 성공보다 앞서는 것이다. 훗날 자신이 원하는 이미지를 만들기 위해서는 지금 작은 노력부터 시작해야 한다.

네 번째, 나만의 이야기(Story)를 만들어라. 사람들은 누구나 자신이 살아온 이야기를 과소평가하는 경향이 있다. 필자가 신중년 특화 강의를 하면서 느낀 것은 선생님 한 분 한 분의 감동적인 스토리였다. 조심스럽게 선생님들의 스토리를 들려달라고 부탁드리면 처음에는 "아휴 내가 무슨… 난 그저 평범한 사람이야."라며 손사래를 치셨다. 하지만 선생님들의 스토리가 하나씩 전개될 때마다 그 어떤 드라마나 영화보다 감동적인 한 편의 책을 읽는 느낌이었다. 이렇게 평범한 누군가의 이야기가 하나의 스토리가 된다. 우리의 이야기, 나의 이야기 그리고 지금의 이야기를 엮으면 한 권의 책이 되는 것이다. 자신의 평범한 이야기에 스토리를 입혀라. 스스로 이야기하는 과정에서 의미를 발견하게 되며, 강력한 스토리는 자신의 막강한 아이템이 된다. 결국, 시간이 지나 웃으며 이야기할 수 있게 된 일은 아름다운 추억이 되며, 가슴 설레는 나 자신의 이야기로 가득 찬 삶이 진짜 재미있는 삶이다.

다섯 번째, 지금 바로 시작(start)하라. 새로운 인생은 또 다른 선택으로 변한다. 변화는 자기 자신으로부터 시작되며, 변화의 출발점은 나로부터이다. 자기 자신을 있는 그대로 받아들이는 것은 더 나은 방향으로 나아갈 수 있는 출발점이 된다. 이렇게 변화하는 과정은 결코 화려하지 않으며, 내가 나를 믿을 때 가장 큰 변화가 나타난다. 지금부터 새로운 변화를 원한다면, 또 다른 시작 버튼을 눌러야 한다. 새로운 시작을 위한 스타트는 빠를수록 좋다. 시작은 누구에게나 서툴다. 큰 꿈은 작은 실행으로부터 시작되며, 다시 시작할 힘은 이미 나에게 있다. 우리의 삶에서 '열정'은 작은 행운을 안겨주고,

'두려움'은 성공의 가장 무서운 적을 안겨준다. '두려움'이라는 감옥에서 벗어나는 유일한 방법은 '행동'하는 것이다. 새로운 시작에 집중하라. 나를 시작으로 표현할 때 두근거리는 변화가 새로이 시작된다.

#

지금 힘들어하는 나를 허락하라. 꿈이 있으면 노력이 되고, 꿈이 없으면 노동이 된다. 위기 때 변화가 있고, 변화가 있어야 기회가 다가온다. 힘든 시기일수록 자신에게 집중하고, 힘들 때일수록 행동을 통해 용기를 가져라.

SPEC으로 꿈을
디자인하라

인생은 아무리 길고 복잡하다고 해도 자신이 누구인지 발견하는
단 한 순간으로 이루어져 있다.　　　　　　　　　- 보르헤스

　1년 365일, 하루 24시간, 1,440분 그리고 86,400초. 시간은 누구
에게나 평등하다. 그러나 시간을 활용하는 방법은 모두 다르다. 시
간은 남이 만들어주지 않으며 우리 모두에게 공평하게 주어지는 자
본금이다. 조던 피터슨은 ≪12가지 인생의 법칙≫에서 인생을 게임
에 비유하여 이야기한다. 우리는 살면서 수많은 인생의 게임을 경험
하게 된다. 이때, 성공과 실패의 기준은 하나의 게임으로만 결정되
지 않는다고 한다. 또한, 이 게임의 목적은 '내가 이기고 지느냐'가
아니라 '내가 성장했느냐 안 했느냐'로 판단해야 한다고 말한다. 만
약 내가 조금이라도 성장했다면 그 게임은 승리한 게임으로 본다는
것이다.
　정신없이 바쁜 일상을 살아가는 자신에게 선택과 집중을 통해 무
엇이 진정한 성공인지 스스로 정의할 필요가 있다. 시간이 더 지나

기 전 선택과 집중을 통해 나만의 성공 기준을 찾아야 한다. 성공의 목표는 남이 아닌 나 자신이어야 하며, 반드시 자신을 믿어야 한다. 자신을 믿지 못하면 아무리 놀라운 재능도 아무런 소용이 없다. 나의 한계를 받아들이면 또 다른 새로운 길이 보인다. 그리고 그 목표에 집중해야한다. 시간적 여유가 있는 상황일 때 선택은 가능하지만, 집중은 어렵다. 목표가 바뀌면 방향도 바뀌듯 보이는 관점이 달라져 생각의 프레임 역시 바뀌게 된다. 지금의 나를 만들어준 것은 무엇이며 앞으로 나를 이끌어주는 것은 무엇일까? 그리고 나만의 철학이 담긴 목표는 무엇일까? 끊임 없이 스스로에게 질문하여야 한다. 필자의 목표는 몸값을 올리는 것이다. 몸값은 사전적 의미로 "사람을 근거로 조건을 매기는 값"이며, 이는 다소 부정적으로 느껴질 수 있다. 하지만 필자가 말하는 몸값은 실생활에서 그 사람의 가치를 수치화한 것을 의미한다. 내가 가지고 있는 재능 또는 전문적 능력을 활용하여 '나'만의 브랜드로 가치를 높여 몸값을 올리는 것이다. 이로 인해 삶에 가장 가치 있는 나만의 퍼스널 브랜드를 구축하여 세상에 선한 영향력을 미치는 것이다. 그것이 새로운 삶의 목표이다.

어떻게 하면 자신의 몸값을 올릴 수 있을까? 스스로 몸값을 높여서 가격 저항선을 허무는 가장 좋은 방법은 자신을 '브랜딩'하는 것이다. '나' 자신이 브랜드가 되어간다는 것은 스스로를 잘 아는 의미로, 전문 직업인이 되어간다는 뜻이다. 상품은 모방할 수 있지만 브랜드는 모방할 수 없다. 가치 있는 몸값을 올리기 위해 내가 선택하고 정성 들여 키워온 나만의 핵심 역량으로 경쟁자들과 나를 차별화하는 퍼스널 브랜드를 구축하는 것이다. 퍼스널 브랜드는 한 번 힘이 생기면 그 힘이 점점 강력해지는 특징이 있으며, 제대로 완성되는 시점이 되면 나라는 브랜드가 서서히 알려지게 된다. 자신의 몸 값을 올리기 위해 노력하는 순간, 어제보다 오늘 더 성장하는 이가 되는 것이다. 가장 나다운 퍼스널 브랜드를 만들어가는 과정에서 당신의 이름이 당신을 대표하는 브랜드가 될 것이다. 영국의 세계적인 극작가인 조지 버나드 쇼는 "나는 죽을 때까지 철저하게 자신을 모두 사용하겠다. 내가 열심히 살수록 나는 더 오래 살 것이기 때문이다."라고 했다. 꿈을 이루는 스펙을 쌓아라. 스펙은 'Specification'의 줄임말로, 취업 준비생들 사이에서 쓰이는 용어다. 직장을 구할 때나 입시를 치를 때 요구되는 학벌·학점·토익 점수 등의 평가 요소를 말한다. 하지만 이 책에서 필자가 말하는 스펙은 강점(Strength) 성격(Personality)으로 자신의 탁월함(Excellence)을 완성(Completion)하라는 의미이다.

S: strength – 강점
P: personality – 성격
E: excellence – 탁월함(명사)
C: completion – 완성(명사)

최고라는 인상을 남기고 싶다면 나를 소개할 때 개성을 듬뿍 담아라. 자신감이 넘치고 명확하게 인상적인 메시지를 전달하라. 상대가 와삭와삭 먹을 수 있는 몇 가지 맛있는 사실을 곁들여 나를 소개하는 문장에 스토리를 입혀라. 그렇게 나만의 강점 성격을 활용하여 탁월함을 완성하라. 사람은 누구나 자신만의 재능을 가지고 있다. 이러한 자신의 강점 성격을 파악하여 자기 이해 및 타인 이해를 도울 수 있으며, 더 나아가 자신의 꿈에 접목 시킬 수 있다. 잘 만든

스토리가 스펙이 되는 시대이며 개성 있는 스토리는 나만의 강력한 아이템이 되기도 된다. SPEC은 내면적인 당신을 말해줄 뿐만 아니라, 당신 안에 숨겨진 가능성을 보여준다. 삶의 의미를 부여할 수 있는 스펙을 쌓고 싶으면 끊임없이 자신과 싸워야 하며 직접 경험한 스펙이 나만의 스토리가 된다. SPEC으로 꿈을 디자인하라.

#

지금부터 자신 안에 잠들어 있는 도전의 DNA를 깨워라. 꿈을 이루기 위해서는 '해야만 하는 일'을 '하고 싶은 놀이'로 만들어라. 과거는 부도수표이고, 미래는 약속어음이며, 현재는 현금이다. 놀이를 통해 과거에서 배우고, 현재를 살며, 미래의 희망을 품어라.

변하는 것과
변하지 않는 것

우리가 변화시킬 수 있는 것, 그리고 변화시켜야만 하는 것은
우리 자신이다.
                                                    – 헤르만 헤세

　필자는 어릴 적부터 책 읽기를 좋아하고 봉사에 관심이 많았다.
2013년 석사 과정 중 절대 고독의 시간을 가지면서 "책 100권을 기
부하기, 단 내가 읽은 책들로만."이라는 목표를 세웠다. 업무와 학업
을 병행하다 보니 책 읽는 시간이 부족해 답답함을 느끼고 있었다.
독서 습관을 만들기 위해 "좀 더 효율적인 방법이 무엇이 있을까?"라
며 고민하던 중 자신의 목표에 가치 있는 의미를 부여하기로 하였다.
노력은 스스로 발휘할 때 더욱 빛나는 법이다. 우선 목표를 달성하고
자 계획적인 전략을 짰다. 열흘에 한 권씩 한 달에 세 권을 목표로
삼았다. 단순 계산만으로도 3년이라는 시간이 걸렸다. "그래, 100권
을 기부하기로 마음먹었으니 어디 한번 해보자."라는 생각이 들었다.
　그렇게 다짐을 하고 가장 먼저 기부 계획을 SNS에 공유한 후 가
장 잘 보이는 곳에 메모지를 붙여놓고 하루하루 체크했다. 그리고

만나는 지인들에게 "독서 기부 프로젝트를 실행하고 있으니 감명 깊게 읽은 책을 추천해주세요."라고 부탁드렸다. 지인들께서는 흔쾌히 승낙하시며 좋은 뜻을 함께하자는 의미로 책을 선물해 주셨다. 덕분에 인문학, 자기 계발서 때로는 시와 만화책 등 다양한 장르의 책을 접할 수 있었다. 조금이라도 더 읽기 위해 침대, 테이블, 식탁 심지어 화장실 등 보이는 곳곳에 책을 비치해뒀다. 틈틈이 시간이 날 때마다 한 장씩이라도 읽기 위해 노력했으며 마스터한 책은 SNS에 인증 샷을 남겼다.

시간이 지날수록 책을 읽는 요령이 생기기 시작하면서 "그래, 나도 한 번 언젠가는 내 이름으로 책을 출간해보자."라는 또 다른 목표가 생겼다. 2016년 7월 드디어 책 100권 기부하기 프로젝트를 실행할 수 있었다. 평소 친하게 지내던 지인이 종합병원 사회복지사로 근무하고 있었다. 그 친구는 항상 나의 꿈을 응원하고 지지해주는 고마운 이로써, 이번 독서 기부에서도 나에게 책을 선물하며 도전을 응원해주었다. 그 친구의 말에 의하면 종합병원 특성상 질병 및 재해로 인해 장기간 입원 환자들이 많다고 했다. 무료한 병원 생활을 달래주고자 환자들을 위해 독서 기부를 근무중인 병원에 해주는 것이 어떠냐고 제안했다. 나는 그 자리에서 그 친구의 제안을 흔쾌히 승낙했다. 무더운 여름 햇살이 강렬하게 내리쬐는 7월 아침. 100권의 책들을 여행용 캐리어 두 곳에 나눠 담아 병원 관계자에게 무사히 넘겼다. 독서 기부를 마치고 돌아오는 길에 "그래, 이 책들이 나에게 영양 가득한 밑거름이 되어줄 테니, 시간이 지나 학위를 마친 후 반드시 내 이름으로 된 책을 한번 출간해보자."라고 다짐했다.

팀장, 교수, 선생님, 대표, 강사 그리고 작가. 현재 내가 듣고 있는 나의 호칭들이다. 초등학교 시절에는 매일 나머지 공부를 하는 학습 부진아였으며 학창 시절엔 껌 좀 씹는 문제아였다. 아버지의 사업 부도로 인해 고등학교를 자퇴하고 남들보다 일찍 사회생활에 뛰어들었다. 한 아이의 엄마가 되면서 고등학교 검정고시라는 꼬리표를 부끄럽게만 생각했었다. 그러던 어느 날 갑작스런 아버지의 부고로 장례를 치르며 '저 영정 사진 속에 주인공이 나라면, 후회할 일이 뭘까?'라는 생각이 들었다. 유년 시절 그토록 하기 싫었고 하지 못했던 공부를 후회 없이 한번 해보자는 생각에, 남들보다 뒤늦게 서른이라는 나이에 야간 대학을 진학하였다. 그러던 어느날 우연히 강의에 대한 꿈을 꾸게 되었으며 '더도 말고 덜도 말고 딱 10년만 공부해보자.'라는 다짐과 함께 만학도 생활을 시작하게 되었다. 또한, 대학 강단에서 강의를 하겠다는 상상도 못 할 특별한 꿈이 생겼으며, MBTI 공부를 통해 '강점 성격'이라는 키워드를 발견하게 되었다. 이를 적극 활용한 결과 정확히 10년 후 나의 꿈을 이룰 수 있었다.

꿈을 이뤄가는 과정은 마냥 쉽지만은 않았으며 험난한 과정이라 몇 번이고 포기하고 싶은 고비들이 있었다. 하지만 간절한 꿈이 있었기에 포기할 수 없었다. 꿈을 이루기 위해 하루하루 최선을 다한 결과 마침내 꿈을 이룰 수 있었다. 인생에서 가장 멋진 일은 남들이 불가능하다고 장담했던 일을 보란 듯이 해내는 것이다. 꿈은 지금의 나를 만들어준 고마운 스승이다. 꿈을 꾸는 과정에서 간절히 원하고, 그 과정의 고통을 감내해 나가며 조금씩 성장하는 나를 발견하게 되었다.

성장에서 성숙으로 패러다임을 전환하는 것으로부터 진정한 변화가 시작된다. 우리네 삶은 끊임없이 반복되는 '주고받음'의 연속이다. 세상이 아무리 급격하게 변해도 인간의 심리와 욕구는 크게 변하지 않는다. 인간은 다양한 관계 속에서 위로받고 또 인정받으며 서로 사랑하면서 행복하게 살아가고 싶어 한다. 나에게 희망을 주는 것도 나를 상심하게 하는 것도 모두 다양한 관계 속에서 함께하는 이들이다. 아는 만큼 보이고, 보이는 만큼 느낄 수 있으며, 느낄 수 있는 만큼 표현할 수 있다.

인생에서 가장 소중한 것을 소중히 여기며, 나에게 투자하는 것이 가장 확실한 재테크이다. 최선을 다하지 않으면 그 누구도 최고가 될 수 없다. 할 수 있는 사람은 '어쩌면' 해낼지도 모르지만, 해야만 하는 사람은 '반드시' 그 일을 해내고 만다. 변화의 출발점은 나로부터이다. 나에게 'and는 있어도 end는 없다'라고 다짐하는 순간 두근거리는 변화가 시작된다. 내가 변하는 것은 상대를 변화시키기 위해서가 아니라 나 자신을 위해서이다. 변화하기 위해서는 가지고 있지 않은 것보다 가지고 있는 것에 집중해야 하며, 끊임없이 '내가 할 수 있는 것'과 '해야만 하는 것'을 고민해야 한다. 삶은 새로운 것을 받아들이는 순간 발전 가능하며, 내가 변하지 않으면 삶은 변하지 않는다. 지금 자신이 하는 일을 다른 관점에서 바라보고, 새로운 가치를 발견하게 되면서부터 그 일은 남들이 쉽게 흉내 내지 못하는 특별한 일이 된다. 인간은 누구나 큰 고통이나 사건 등 어떤 계기가 발생하기 전까지는 스스로 쉽게 변하지 않는다. 한 치 앞도 알 수 없는 것이 사람의 인생이라고 하지만, 언제든 변화할 수 있는 것 역시 사람이다. 필자 역시 10년 전에는 상상도 할 수 없었던 꿈들이 거짓말처럼 이루어졌다. 변화를 원하며 간절히 마음먹은 순간, 나도 모르게 변해온 것이다.

다가오는 10년 후 나는 어떤 모습을 하고 있을까? 라는 기대감으로 희망을 그려본다. 변화 속에 기회는 반드시 숨어있다. 내일의 성공을 위해 오늘을 선택하여 성장하는 나를 발견하라. 필자 역시 하루에 1㎝씩 나아가며 1%씩 변화하는 것이 목표이다. 현재의 삶도 조금씩 변화하고 있으며 미래를 위한 새로운 시작의 버튼을 바로 지금 눌러야 한다. 사람은 참으로 고통 받을 때 변화하고 성장할 수 있다. 지고 이기고, 이기고 지고, 그러다가 단단해지는 삶이다. 변함없이 변화하는 내가 되어 결국, 즐기는 사람이 마지막에 웃게 된다.

\#

꼭 필요한 사람이 되어라.

필요한 사람이 되는 유일한 방법은 남들과 달라지는 것이다. 내가 먼저 나를 아껴줄 때 세상도 나를 귀하게 여긴다. 결핍은 우리를 성장시키는 최고의 원동력이며, 많이 다듬으면 다듬어질수록 우리는 그것을 '작품'이라고 부른다. 모두가 인정하는 작품이 되어라.

CHAPTER 7

강점 스트레스

당신의 스트레스는
안녕하십니까?

스트레스는 대부분 자기 문제를 과대평가하는 사람들에 의해
발생한다.   - 마이클 르뵈프

행복한 생활을 영위하기 위해 반드시 필요한 수단 중 하나가 자기
관리 기술이다. 자신이 스트레스에 대해 어떻게 반응하는지를 아는
것은 자기 관리를 위한 매우 가치 있는 정보이다. 좀 더 구체적으로
말하면, 자신이 스트레스를 받으면 어떻게 행동하는지, 그리고 대처
반응에 따라 훨씬 더 만성적이고 극심한 상황에서는 어떻게 행동해
야 하는지를 알아야 한다. 이는 자신의 스트레스에 반응하는 행동
양식에 따라 상황을 인식하고 판단하여 스트레스를 해결하는 방안
으로 활용하기 위함이다.

스트레스의 어원은 라틴어로 'Stringer', 즉 '팽팽하게 죄다'이다.
스트레스의 일반적 정의는 정서적 불안이나 근심, 걱정 또는 심리적
압박감에 기인하여 나타나는 행동 표현으로서 이러한 행동은 반드
시 심리적 원인을 동반한다. 이러한 스트레스는 다양한 증상으로 나

타나게 되며 질병에도 영향을 미친다. 스트레스의 증상으로는 첫째, 감정적 증상으로 불안, 신경과민, 우울증, 분노, 좌절감, 근심, 걱정, 성급함, 인내 부족 등이 있으며, 둘째, 신체적 증상으로 입과 목의 마름과 떨림, 심장의 두근거림, 설사와 변비, 빈뇨 증상, 두통, 불면증, 피로감, 어깨 결림, 요통, 흉통, 소화불량 등이 있다. 셋째, 행동적 증상으로 안절부절, 손톱 깨물기, 발 떨기, 신경질 반응, 폭식, 폭음, 흡연, 울거나 욕설, 비난, 물건을 던지거나 때리는 행위 등이 있다. 마지막 정신적 증상으로 불안, 우울, 급격한 기분 변화, 자존심 저하, 분노, 좌절감, 적대감, 죄책감, 집중력 저하, 건망증 등이 있다.

스트레스를 유발하는 요인은 크게 외부적 요인과 내부적 요인으로 나뉜다. 스트레스의 외부적 요인은 물리적 환경, 생활의 큰 사건, 조직 사회, 대인관계에서 발생하는 요인이다. 반대로 스트레스의 내부적 요인은 정신적 자극, 신체 피로, 정서적 자극, 성격 요인이다. 이렇듯 다양한 요인이 스트레스에 영향을 미치게 된다. 스트레스에 대한 정의는 개인이 인지하고 있는 '자극'과 '반응' 그리고 성격유형에 따른 상호 작용에 따라 분류할 수 있다. 자극 요소인 인식(S, N) 기능은 물리적 자극과 무의식적 자극으로, 반응 요소인 판단(T, F) 기능은 논리적 반응과 정서적 반응으로 분류된다. 이러한 다양한 요인이 성격 차이를 가져오게 된다. 이는 주 기능별로 스트레스를 받아들이는 상황이 다르기 때문이다.

<스트레스와 MBTI 선호지표>

외향(E)	내향(I)
- 외향을 선호하는 사람들은 다음과 같은 상황에서 스트레스를 받는 경향이 있다.	- 내향을 선호하는 사람들은 다음과 같은 상황에서 스트레스를 받는 경향이 있다.
▪ 개인 프로젝트를 수행할 때 ▪ 보고서를 작성할 때 ▪ 장시간 홀로 있을 때 ▪ 대기를 강요 받을 때	▪ 그룹 프로젝트를 수행할 때 ▪ 발표를 진행할 때 ▪ 빈번히 방해 받을 때 ▪ 행동을 강요받을 때

감각(S)	직관(N)
- 감각을 선호하는 사람들은 다음과 같은 상황에서 스트레스를 받는 경향이 있다.	- 직관을 선호하는 사람들은 다음과 같은 상황에서 스트레스를 받는 경향이 있다.
▪ 매우 추상적인 자료를 작업할 때 ▪ 요구사항이 너무 모호할 때 ▪ 유효성이 검증된 것을 중시하지 않을 때 ▪ 새로운 방법을 개발하도록 요구받을때	▪ 매우 상세한 자료로 작업할 때 ▪ 요구사항이 너무 구체적일 때 ▪ 혁신과 변화를 중시하지 않을 때 ▪ 일반적인 방법을 고수하도록 요구 받을 때

사고(T)	감정(F)
- 사고를 선호하는 사람들은 다음과 같은 상황에서 스트레스를 받는 경향이 있다.	- 감정을 선호하는 사람들은 다음과 같은 상황에서 스트레스를 받는 경향이 있다.
▪ 역량이 부족할 때 ▪ 객관성이 결여되었을 때 ▪ 지지해야 할 때 ▪ 다른 사람들이 논리를 간과할 때	▪ 협력이 부족할 때 ▪ 조화로움이 결여되었을 때 ▪ 비평해야 할 때 ▪ 다른 사람들이 사람들의 감정을 간과할 때

판단(J)	인식(P)
- 판단을 선호하는 사람들은 다음과 같은 상황에서 스트레스를 받는 경향이 있다.	- 인식을 선호하는 사람들은 다음과 같은 상황에서 스트레스를 받는 경향이 있다.
▪ 목적이나 방향이 분명하지 않은 것 같을 때 ▪ 일의 끝이 보이지 않을 때 ▪ 결정을 보류해야 할 때 ▪ 반드시 계획을 변경해야 할 때	▪ 일정이 빠듯해 보일 때 ▪ 조급하게 일을 종결해야 할 때 ▪ 서둘러 결정해야 할 때 ▪ 계획을 변경할 수 없을 때

<MBTI 성격유형별 주 기능>

인식 (자극 요소)	물리적 자극	외부 세계	주 기능 Se - 외향적 감각형	ESFP
				ESTP
		내부 세계	주 기능 Si - 내향적 감각형	ISTJ
				ISFJ
	무의식적 자극	외부 세계	주 기능 Ne - 외향적 직관형	ENFP
				ENTP
		내부 세계	주 기능 Ni - 내향적 직관형	INTJ
				INFJ
판단 (반응 요소)	논리적 반응	외부 세계	주 기능 Te - 외향적 사고형	ESTJ
				ENTJ
		내부 세계	주 기능 Ti - 내향적 사고형	ISTP
				INTP
	정서적 반응	외부 세계	주 기능 Fe - 외향적 감정형	ENFJ
				ESFJ
		내부 세계	주 기능 Fi - 내향적 감정형	ISFP
				INFP

유형별
스트레스 척도

누구나 살아가면서 스트레스를 받지 않을 수 없다. 우리의 내면은 균형을 이루기 위해 끊임없이 노력한다. 스트레스는 의식과 무의식으로 분류된다. 스트레스는 정도에 따라 자신의 주 기능, 주 기능에 과몰입된 상태인 일방향성, 균형을 위한 선택인 열등 기능의 심리기능 흐름에 영향을 미친다. 성격유형 기능은 주 기능, 부 기능, 3차 기능, 열등 기능으로 나누어진다. 사람은 네 가지 기능을 모두 가지고 있으며 주 기능을 활용하여 일상생활에서 크게 무리가 없는 생활을 한다. 스트레스는 의식과 무의식의 균형이다. 필자의 경우 MBTI 성격유형 중 ESTJ 유형이다. 이 유형은 유능하며 사실과 정확성을 기반으로 결단력 있는 행동을 한다. 이처럼 자신의 주 기능을 균형 있게 활용하면 자신의 역량을 강화할 수 있다. 하지만 주 기능이 한 방향으로 치우치면 의식과 무의식의 불균형이 일어난다. 이러한 자기-조절 과정에서 방어기제인 보상과 투사가 일어난다. 보상은 행동이나 태도가 지나치게 한 방향으로 치우칠 때 무의식 속의 반대 에너지 역시 똑같이 극단적으로 나타나며, 마침내 과장되거나 파괴적인 방법으로 표출된다. 대표적인 예가 '꿈'이다. 일상생활 속에서 의식적으로 하는 행동이 꿈에서 나타나게 된다. 다음은 투사이다. 투사는 자신의 생각이나 욕구, 감정 등을 타인의 것으로 지각하는 무의식적이고 반복적인 행위를 뜻한다. 이러한 현상은 개체가 자신의 욕구나 감정을 자신의 것으로 자각하고 접촉하는 것을 두려워하는 나머지, 그것에 대한 책임 소재를 타인에게 돌림으로써 나타난다. 이러한 투사는 자신이 지닌 감정이나 욕구가 상대에게 있다고 여기는 감정의 투사, 원하지 않는 일의 원인과 책임이 다른 사람이나 대상에게 있다고 여기는 책임의 전가로 분류된다.

사람들은 일단 스트레스를 받게 되면 본능적으로 스트레스를 덜받기 위해 자신들의 주 기능을 사용한다. 스트레스의 강도가 점점 강해지면 균형을 잡아주는 부 기능을 배제한 채 자신들의 주 기능을 남용하기 시작한다. 이는 주 기능에 과몰입된 상태로서 일방향성이라고 한다. 일방향성은 자신의 자연스러운 행동 유형을 지나치게 강조할 때 나타난다. 예를 들면 주 기능이 Te(외향적 사고) 기능인 ESTJ, ENTJ 유형의 경우 사고(T) 기능을 외향(e)로 남용하는 경향이 있어 과도하고 부정적으로 판단하게 되며, 자신의 부 기능인 Si(내향적 감각) 기능과 3차 기능(내향적 직관)을 통해서 생길 수 있는 새로운 정보에 열려 있지 않게 된다.

또한, 보통 수준의 스트레스가 확대되거나 일방향성으로 기우는 극심한 스트레스를 겪게 되면 오히려 자신의 주 기능을 차단하면서 주 기능의 반대의 기능인 열등 기능이 대신 나타나게 된다. 이를 균형을 위한 선택인 열등 기능이라 한다. 열등 기능은 소위 말해 한곳에 중독되어 빠져나오지 못하는 상태로, 열등 기능에 '속박된' 상태라고 언급되기도 한다. 열등 기능 상태가 되면 의식 차원에서 주 기능이 차단되고, 무의식 차원에서 열등 기능을 더욱더 사용하게 된다. 예를 들어 주 기능이 Te(외향적 사고) 기능인 ESTJ, ENTJ 유형의 경우, 사고(T) 기능을 잘 발휘하지 못하게 되고 자신의 열등 기능인 Fi(내향적 감정) 기능에 몰두하여 강한 감정 폭발이나 회피가 일어나고, 내면 상태에 과민해지며, 자신의 긴장과 감정을 숨긴다.

<적응적 선호 유형 vs 일방향적 유형 선호>

에너지 방향	적응	일방향
E	▪ 매력적인 ▪ 열성적인 ▪ 사교적인	▪ 허풍이 심해지는 ▪ 침범/방해/참견 ▪ 소란스러운
I	▪ 깊이 있는 ▪ 신중한 ▪ 차분한	▪ 무관심해지는 ▪ 지나치게 속으로 삭이는 ▪ 의기소침한

인식 기능	적응	일방향
S	▪ 실용적인 ▪ 정확한 ▪ 구체적인	▪ 까다로운 ▪ 강박적인 ▪ 현실에만 머물러 매우 단조로운
N	▪ 상상이 풍부한 ▪ 큰 그림을 보는 ▪ 통찰력 있는	▪ 별난 행동을 하는 ▪ 변덕스럽고 엉뚱한 ▪ 비현실적인

판단 기능	적응	일방향
T	▪ 명료한 ▪ 객관적인 ▪ 간결한(사족이 없는)	▪ 논쟁만 하려 드는 ▪ 인정사정없는 ▪ 퉁명스러운 ▪ 무뚝뚝해지는
F	▪ 인정해주는 ▪ 배려해주는 ▪ 가치를 지향하는	▪ (책임을) 둘러대는 ▪ 과민하게 반응하는 ▪ 모호한/막연한

생활 양식	적응	일방향
J	▪ 효율적인 ▪ 계획성 있는 ▪ 책임감 있는	▪ 강요하는 ▪ 성급한 ▪ 융통성 없는
P	▪ 융통성 있는 ▪ 여유 있는 ▪ 유연하게 대처하는	▪ 질질 끌고 미루는 ▪ 믿음이 안 가는 ▪ 산만한

유형별
스트레스 관리

스트레스로 인해 열등 기능에 빠지게 되면 열등 기능 양상이 나타난다. 첫째, 분노이다. 모든 유형은 처음에는 부정적 내용을 타인들에게 투사하려고 노력한다. 이것은 종종 짜증과 분노의 형태로 나타나는데, 이는 자신의 심리기능이 자연스러운 방향으로 잘 돌아가지 않을 때 수반되는 불편한 감정과 겉으로 드러나는 욕구불만에 대한 전형적인 반응이다.

인식	주 기능이 감각(S)인 경우 - ESFP, ESTP, ISTJ, ISFJ	- 미래에 대한 부정적인 가능성을 무시하는 사람들에 대해 화를 낸다.
	주 기능이 직관(N)인 경우 - ENFP, ENTP, INTJ, INFJ	- 개별적이고 분리된 세부 사실이나 세부 사항에 대한 분노에 초점을 둔다.
판단	주 기능이 사고(T)인 경우 - ESTJ, ENTJ, ISTP, INTP	- 다른 사람들이 인정이 부족하다고 비난한다.
	주 기능이 감정(F)인 경우 - ESFJ, ENFJ, ISFP, INFP	- 다른 사람들이 비논리적인 사람이라고 비난한다.

둘째, 좁은 시야다. 터널 비전을 의미하며, 터널을 지나 끝에 도달할 때 빛이 보이는 것처럼 보이는 게 한정적임을 뜻한다. 좁은 시야

에 빠지게 되면 다음과 같은 양상이 나타난다.

인식	주 기능이 감각(S)인 경우 - ESFP, ESTP, ISTJ, ISFJ	- 먼 미래 속으로 확장되는 부정적 가능 성에 사로잡힌다.
	주 기능이 직관(N)인 경우 - ENFP, ENTP, INTJ, INFJ	- 한 가지 또는 몇 가지 사실이나 세부 사항을 깊게 파고든다.
판단	주 기능이 사고(T)인 경우 - ESTJ, ENTJ, ISTP, INTP	- 사랑받지 못하거나 영원히 사랑스럽지 못한 존재라는 데 집착한다.
	주 기능이 감정(F)인 경우 - ESFJ, ENFJ, ISFP, INFP	- 열등하고 무능력하다는 터널에 깊게 빠진다.

셋째, 유머 감각의 상실이다. 좁은 시야로 인한 직접적인 결과로서, 열등 기능에 사로잡혔을 때 모든 유형은 공통적으로 유머를 인정하지 않는다. 심리학자 융은 "열등 기능에 빠진 상태는 폭군이다." 라고 했다. 열등 기능 상태에 놓여있는 개인이 그 상황에서 어떤 유머를 이해할 만큼 충분한 시야를 확보할 수 있다면, 그들은 이미 균형을 회복하기 시작했거나 그 과정에 있는 것이다.

MBTI를 활용한 스트레스 관리 과정은 다음과 같다.

- 1단계 – 자신의 스트레스 원인을 탐색한다.
- 2단계 – 성격유형별 일방향성과 보상과 투사를 통해 열등 기능을 탐색한다.
- 3단계 – 성격유형별 대안으로 자신의 부 기능을 활용한다.
- 4단계 – 열등 기능을 통한 경험으로 얻게 되는 새로운 관점을 가진다.
- 5단계 – 자기 이해와 타인 이해를 한다.

<스트레스에 대한 성격유형 부 기능별 대처 방안>

인식	부 기능이 감각(Si)인 경우 - ESTJ, ESFJ	▪ 혼자만의 시간과 일기를 쓰는 시간을 갖는다. ▪ 신뢰할 수 있고, 조용하게 지지해줄 수 있는 사람과 자신과 관련된 구체적인 정보를 토대로 대화하고 경청한다. ▪ 일이 생기면, 혼자 있을 수 있는 장소를 찾아 그 일을 마치기 위해 취해야 할 단계를 시간의 순서에 따라 조직한다. ▪ 자기 전 성찰하거나 자신 및 타인을 칭찬하라.
	부 기능이 감각(Se)인 경우 - ISFP, ISTP	▪ 운동, 쇼핑 등 다양한 외부 경험을 시도한다. ▪ 현재의 순간과 외부 현실에 집중해야 하는 취미나 게임을 한다. ▪ 업무에 있어 현실적인 정보를 가지고 가까운 사람들과 대화를 하며 함께 진행한다.
	부 기능이 직관(Ni)인 경우 - ENFJ, ENTJ	▪ 시나 글을 쓰거나 그림을 그려봄으로써, 자신의 내적인 비전에 집중해본다. ▪ 명상을 위한 규칙적인 시간을 만든다. ▪ 시도해볼 가치가 있는 새로운 프로젝트에 대해 신뢰하는 사람들과 깊이 있게 대화해본다. ▪ 상대방의 의견을 조심스럽게 경청한다.
	부 기능이 직관(Ne)인 경우 - INFP, INTP	▪ 새로운 아이디어나 생각을 신뢰할 만한 여러 사람과 나눈다. ▪ 평소에 하지 않았던 새로운 활동, 장소, 사람과 시간을 보낸다. ▪ 외부 활동을 통해 새로운 가능성을 탐색한다. ▪ 무비판적으로 받아들여 본다.
판단	부 기능이 사고(Ti)인 경우 - ENTP, ESTP	▪ 내향 사고 기능을 사용하기 위해, 마음을 차분히 하고, 혼자만의 시간을 갖는다. ▪ 자연과 함께하는 시간을 갖는다. ▪ 장기나 전략 시뮬레이션과 같은 게임을 한다. ▪ 개인만의 시간을 가지며 주변 일의 우선순위를 정하고, 논리적으로 검토해본다.
	부 기능이 사고(Te)인 경우 - ISTJ, INTJ	▪ 지금부터 1년 또는 5년 동안 중요한 일이 무엇인지, 이에 따른 목표는 무엇인지 등의 주제를 여러 사람과 의논한다. ▪ 우선순위를 정하기 위해 어떤 일을 버려야 하며, 꼭 해야 할 일은 무엇인지 관계된 사람들과 사고 기능을 사용하여 대화한다. ▪ 여러 사람과 함께 논리성을 겸비한 다양한 활동, 운동, 보드게임, 퍼즐 등을 한다.

판단	부 기능이 감정(Fi)인 경우 - ENFP, ESFP	▪ 자신의 감정을 정리하기 위해 외부 활동을 줄이고, 신뢰할 만한 친구와 대화를 나눈다. ▪ 친구의 의견을 조심스럽게 경청한다. ▪ 지나친 개입은 거절하고, 혼자서 쉬면서 자신의 내면적인 가치를 숙고할 시간을 갖는다. ▪ 중요한 사람과 갈등이 생기는 경우, 상황을 인식하기 위해 혼자만의 시간을 갖는다.
	부 기능이 감정(Fe)인 경우 - ISFJ, INFJ	▪ 자신과 관련된 중요한 의미와 느낌을 검토하고, 이를 다른 사람들과 나눈다. ▪ 당신의 두려움, 염려와 같은 부정적인 감정을 바닥을 칠 때까지 표현해본다. ▪ 사람들에게 감사함과 서운함을 전하며, 그 일로 인한 영향을 편지, 이메일, 문자, 직접적인 대화 등을 통해 전달한다.

유형별
스트레스 해소법

인간은 사회적 동물로서 다양한 관계 속에서 늘 언어게임을 한다. 특히 조직에서 쓰이는 언어는 권력의 언어로 사용되기 때문에, 성격유형에 맞지 않는 언어를 쓰는 경우 스트레스를 받게 된다. 그런데 아이러니하게도 같은 상황이어도 스트레스를 상대적으로 덜 받는 성격유형이 있다. 스트레스에 반응하는 방식 또한 조금씩 다르다. 자신의 주 기능과 부 기능만을 단련하면 성장과 배움은 멈추게 되므로 타인과 자신에게 싫증을 내며 스트레스를 받게 된다. 스트레스 완화를 위해서는 열등 기능을 통해 자신과 화해하면서 주 기능을 더욱 발달시켜야 한다. 열등 기능을 살리려면 자신에게 맞는 놀이, 취미 생활을 접하라. 스트레스는 버리는 게 아니라 다루는 것이다. 또한, 한편으로 자신의 선호 유형을 제대로 알고 이해한다면 스트레스는 나를 발전시키는 생산적인 자극제가 된다. 자신의 행동 패턴을 파악하여 현재 어떤 상태인지를 좀 더 객관적으로 판단할 수 있으며, 더 나아가 스트레스 해소를 위한 방안으로 활용할 수 있다. 단, 모든 성격을 MBTI 유형으로만 단정 지어서는 안 됨을 유의해야 한다. 선천적인 성향을 지니고 있다 하더라도 개인마다 자라온 환경, 부모님의 영향 및 교육 방식, 경험, 상황 등이 다르기 때문이다. 스트레스가 넘치는 상황에서도 유머는 삶을 풍요롭게 한다. 유형별 스트레스 해소를 통해 당신의 스트레스를 한 편의 추억으로 남겨라.

<성격유형별 스트레스 및 해결법>

		- 내향적 감각형: 주 기능(Si) - 부 기능(Te) - 3차 기능(F) - 열등 기능(Ne)
ISTJ	보통 수준의 스트레스 - 일방향성	- 쉼 없이 일하며 화를 더 잘 냄 - 고집부리며 세부적인 것에 지나치게 집중하고 체계화함 - 상황을 회피하고, 말이 더 없어짐
	극심한 스트레스 반응 - 열등 기능	- 통제력 상실 또는 혼란 - 과도하게 불길한 예언으로 미래를 오로지 부정적으로 바라봄 - 일반적이지 않은 충동적인 행동
	- 몇 가지 해결법	- 우선순위를 정하고, 몇 가지 일을 버리며, 사고 기능을 활용하라. - 인생은 언제나 계획에 따라 진행되는 것이 아니며, 때로는 융통성 있는 삶이 중요하다는 것을 기억하라.

		- 내향적 사고형: 주 기능(Ti) - 부 기능(Se) - 3차 기능(N) - 열등 기능(Fe)
ISTP	- 일방향성	- 회피, 말이 더 없어짐, 화를 더 잘 냄 - 과도한 생각과 논리를 강조하는 사고를 하며, 점점 사람들에게 무감각해짐 - 매우 일 중심적이게 되며, 바쁘기만 하고 성과 없는 일에 집중함
	- 열등 기능	- 감정의 폭발 - 다른 사람들이 자기를 좋아하지 않고, 인정하지 않는다고 느낌 - 건망증, 무 체계, 혼란
	- 몇 가지 해결법	- 당신의 행동으로 인해 타인이 받는 영향이 있음을 인정 - 스스로를 위한 조용한 시간과 공간을 찾아라. - 현실 생활이 항상 이치에 맞는 것은 아니며, 사람들은 지적이고, 감정적인 존재라는 것을 기억하라.

		- 내향적 감각형: 주 기능(Si) - 부 기능(Fe) - 3차 기능(T) - 열등 기능(Ne)
ISFJ	- 일방향성	- 쉼 없이 일하며, 화를 더 잘 내고, 압박감을 느낌 - 고집을 부리며 세부적인 것이 지나치게 집중 및 체계화 - 회피하고 말이 더 없어지며, 피로 혹은 그 밖의 다른 신체 증상을 보임
	- 열등 기능	- 통제력 상실 또는 혼란 - 과도하게 불길한 예언으로 미래를 오로지 부정적으로 바라봄 - 일반적이지 않은 충동적인 행동
	- 몇 가지 해결법	- 다른 사람과 관계를 맺고, 지지하며, 자신에게 무엇이 중요한지 기억하기 위해 감정 기능을 활용하라. - 두려움과 염려를 다른 사람들에게 이야기하라. - 인생은 언제나 계획에 따라 진행되는 것이 아니며, 때로는 융통성 있는 삶이 중요하다는 것을 기억하라.

	- 내향적 감정형: 주 기능(Fi) - 부 기능(Se) - 3차 기능(N) - 열등 기능(Te)	
ISFP	- 일방향성	▪ 회피, 말이 더 없어지며 스트레스로 인한 신체 증상을 인지하기 시작 ▪ 상상되는 사소한 일에 예민해짐 ▪ 불편하거나 갈등이 야기될 수 있는 행동을 피하거나 미룸
	- 열등 기능	▪ 다른 사람들에게 배우 비판적이게 됨 ▪ 자신이나 다른 사람들이 매우 무능력하다고 생각함 ▪ 환경이나 다른 사람들에 대해 과장되고 충동적인 지시나 조직화를 시도함
	- 몇 가지 해결법	▪ 당신의 감정을 인정하고, 기본 원리로 돌아가 당신이 알고 있는 기술들을 토대로 다시 시도하라. ▪ 경쟁하고 성취하기 위해 당신의 힘과 욕구를 인정하고 시작하라.

	- 내향적 직관형: 주 기능(Ni) - 부 기능(Fe) - 3차 기능(T) - 열등 기능(Se)	
INFJ	- 일방향성	▪ 내면의 세계상과 가능성을 회피하며 말이 더 없어짐 ▪ 침울함과 완벽주의 ▪ 매우 바빠지며 낮은 우선순위의 일에 집중함
	- 열등 기능	▪ 사소한 일에 강박적으로 염려하며 통제할 수 없다고 느낌 ▪ 사람이나 사물에 대해 화를 내고 비판적이게 됨 ▪ 감각을 충족시키는 데 지나치게 집중함
	- 몇 가지 해결법	▪ 당신에게 진정으로 중요한 가치가 무엇인지 떠올리기 위해 감정 기능을 사용하며, 우선순위를 정하라. ▪ 현실이 자기 내면의 이상과 항상 일치하는 것은 아님 ▪ 비전은 비현실적일 수 있고, 실현하기 위해서는 시간이 필요할 수 있다는 것을 기억하라.

	- 내향적 감정형: 주 기능(Fi) - 부 기능(Ne) - 3차 기능(S) - 열등 기능(Te)	
INFP	- 일방향성	▪ 회피, 몰두, 수면 장애를 느끼기 시작하고 먹는 것이 늘어남 ▪ 상상되는 사소한 일에 예민해짐 ▪ 불편하거나 갈등이 야기될 수 있는 행동을 피하거나 미룸
	- 열등 기능	▪ 다른 사람들에게 배우 비판적이게 됨 ▪ 자신이나 다른 사람들이 매우 무능력하다고 생각함 ▪ 환경이나 다른 사람들에 대해 과장되고 충동적인 지시나 조직화를 시도함
	- 몇 가지 해결법	▪ 추구할 만한 흥미롭고 새로운 생각이나 프로젝트를 찾아라. ▪ 경쟁하고 성취하기 위해 당신의 힘과 욕구를 인정하고 시작하라.

INTJ	- 내향적 직관형: 주 기능(Ni) - 부 기능(Te) - 3차 기능(F) - 열등 기능(Se)	
	- 일방향성	▪ 내면의 세계상과 가능성을 회피하며 말이 더 없어짐 ▪ 고집부리기, 화를 더 잘 냄 ▪ 매우 바빠지며 낮은 우선순위의 일에 집중함
	- 열등 기능	▪ 사소한 일에 강박적으로 염려하며 분석의 마비 상태를 가지고 옴 ▪ 사람이나 사물에 대해 화를 내고 비판적이게 됨 ▪ 감각을 충족시키는 데 지나치게 집중함
	- 몇 가지 해결법	▪ 당신에게 어떤 일이 일어나고 있는지를 이해하고, 한 번에 한 가지 방도를 간구함으로써 당신이 해낼 수 있다는 것을 사고 기능을 통해 분석한다. ▪ 현실이 자기 내면의 이상과 항상 일치하는 것은 아님 ▪ 비전은 비현실적일 수 있고, 실현하기 위해서는 시간이 필요할 수 있다는 것을 기억하라.

INTP	- 내향적 사고형: 주 기능(Ti) - 부 기능(Ne) - 3차 기능(S) - 열등 기능(Fe)	
	- 일방향성	▪ 회피, 말이 더 없어짐, 화를 더 잘 냄 ▪ 과도한 생각과 논리를 강조하는 사고를 하며 분석이 마비 상태 ▪ 지적인 싸움을 좋아하고 감정적인 분위기에 무감각해짐
	- 열등 기능	▪ 감정의 폭발 ▪ 다른 사람들이 자기를 좋아하지 않고 인정하지 않는다고 느낌 ▪ 건망증, 무 체계, 혼란
	- 몇 가지 해결법	▪ 당신의 행동에 대하여 새로운 시각을 줄 수 있는 모델이나 아이디어를 찾아라. ▪ 스스로를 위한 조용한 시간과 공간을 찾아라. ▪ 현실 생활이 항상 이치에 맞는 것은 아니며, 사람들은 지적이고 감정적인 존재라는 것을 기억하라.

ESTP	- 외향적 감각형: 주 기능(Se) - 부 기능(Ti) - 3차 기능(F) - 열등 기능(Ni)	
	- 일방향성	▪ 말이 많아지고, 압박감을 느끼며, 화를 더 잘 냄 ▪ 더 솔직해지며 다른 사람의 감정에 무감각해짐 ▪ 활동을 더 빠르게 하며 쾌락을 더 추구함
	- 열등 기능	▪ 실패와 불길한 일에 두려움을 느끼며 사소한 사건에 깊은 의미를 부여함 ▪ 혼란과 자기 의심의 감정 – 걱정과 회피 ▪ 좁은 생각으로 다른 사람의 행동을 과대 해석함
	- 몇 가지 해결법	▪ 사건의 부정적인 가능성을 현실적으로 측정함 ▪ 당신의 걱정을 건설적으로 줄이기 위한 다음 단계의 우선순위를 정하기 위해 사고 기능을 활용함 ▪ 세상에 어떤 것들은 만지거나 이성적으로 이해될 수 없지만, 그럼에도 불구하고 중요하다는 것을 인정함

ESTJ	- 외향적 사고형: 주 기능(Te) - 부 기능(Si) - 3차 기능(N) - 열등 기능(Fi)	
	- 일방향성	▪ 과도한 비판으로 인해 사람과 사건에 대해 단정적이고 부정적으로 판단함 ▪ 점점 더 다른 사람의 이야기에 귀를 기울이지 않음 ▪ 규칙을 어기는 것에 대해 화를 내고 참지 못함
	- 열등 기능	▪ 강한 감정 폭발 – 상처받기 쉽다고 느낌 ▪ 외로움, 내버려짐, 인정받지 못한 감정에 과도하게 민감 ▪ 상황을 회피하며 긴장과 감정을 숨김
	- 몇 가지 해결법	▪ 자신의 감정과 반응을 충분히 인지하기 위해 시간을 가지며, 신뢰하는 사람들과 함께 이야기를 나눔 ▪ 인생이 항상 합리적이고 논리적인 것은 아님을 기억하고, 자신의 일과 개인적인 삶에서 관계와 감정의 중요성, 역할을 인정하라.

ESFP	- 외향적 사고형: 주 기능(Se) - 부 기능(Fi) - 3차 기능(T) - 열등 기능(Ni)	
	- 일방향성	▪ 말이 많아지고, 혼란스러워하며, 산만한 감정 ▪ 스트레스로 인한 신체적 증상을 인지하기 시작함 ▪ 과도하게 재미를 추구하는 행동, 갈등을 야기할 수 있는 문제를 회피함
	- 열등 기능	▪ 더 자주 비관적이고 부정적, 미래에 대한 두려움 ▪ 혼란과 자기 의심으로 인해 걱정과 회피 ▪ 좁은 생각으로 다른 사람의 행동을 과대 해석함
	- 몇 가지 해결법	▪ 당신에게 무엇이 정말 중요한지를 결정하고, 건강한 방법으로 걱정을 줄일 수 있는 활동을 선택하기 위해 감정 기능을 사용하라 ▪ 세상에 어떤 것들은 만지거나 보거나 이미 알고 있는 사실들에 근거하여 예측할 수 없지만, 그럼에도 불구하고 중요하다는 것을 인정하라

ESFJ	- 외향적 감정형: 주 기능(Fe) - 부 기능(Si) - 3차 기능(N) - 열등 기능(Ti)	
	- 일방향성	▪ 다른 사람들의 감정에 과도하게 주의를 기울임 ▪ 다른 사람들과 함께 일하기 위해 애쓰거나, 다른 사람들이 느끼는 어려움을 바로 잡기 위해 노력함 ▪ 융통성이 없어지고, 새로운 접근법을 시도하는 것이 점점 더 어려워짐 ▪ 스트레스로 인한 신체적 증상, 식욕 장애
	- 열등 기능	▪ 사소한 일로 다른 사람을 과도하게 비판하고 심지어 비난함 ▪ 흑백 논리적 사고, 명확하게 사고하는 것이 어려움, 혼란 ▪ 회피, 자기비판, 부적절함을 느낌
	- 몇 가지 해결법	▪ 시간을 가지며 단계적 접근을 요하는 구체적인 프로젝트를 계속하라. ▪ 사람 간의 조화와 동의가 항상 가능한 것은 아니며, 다른 사람의 삶과 욕구로부터 벗어나는 것도 중요함

ENFP	- 외향적 직관형: 주 기능(Ne) - 부 기능(Fi) - 3차 기능(T) - 열등 기능(Si)	
	- 일방향성	▪ 평가 없이 흥미롭고 새로운 생각에만 과도하게 몰입함 ▪ 점점 더 비체계적이고 참지 못하며 잘 잊어버림 ▪ 많은 활동에 과도하게, 얇고 넓게 참여
	- 열등 기능	▪ 강박적이고 까다롭고 강제적이게 됨 ▪ 회피와 우울을 동반한 고립감 ▪ 신체 감각에 대한 과도하고 과장된 걱정
	- 몇 가지 해결법	▪ 여유와 명상을 위한 시간을 가지며 중요한 것이 무엇인지 기억하고, 지지자를 찾고, 몇몇 사소한 것은 다른 사람에게 넘길 필요가 있다. ▪ 신체적 자아를 돌보아야 할 필요성을 인정하라. ▪ 생각을 실현하는 데는 시간이 필요하며, 당신의 신체 부분에 대한 집중과 선택이 필요함을 인정하라.
ENFJ	- 외향적 감정형: 주 기능(Fe) - 부 기능(Ni) - 3차 기능(S) - 열등 기능(Ti)	
	- 일방향성	▪ 다른 사람의 감정에 과도하게 주의를 기울임 ▪ 다른 사람과 함께 일하기 위해 애쓰거나, 다른 사람들이 느끼는 어려움을 바로 잡기 위해 노력함 ▪ 융통성이 없어지고, 새로운 접근법을 시도하는 것이 점점 더 어려워짐 ▪ 스트레스로 인한 신체적 증상; 식욕 장애
	- 열등 기능	▪ 사소한 일로 다른 사람을 극단적으로 비판하고 심지어 비난함 ▪ 흑백 논리적 사고, 혼란, 하나의 옳은 대답에 대한 집착 ▪ 회피, 자기비판, 다른 사람에 대한 자신의 영향력에 대해 무감각해짐
	- 몇 가지 해결법	▪ 시간을 가지며 시도해볼 가치가 있는 프로젝트를 발견하라. ▪ 사람 간의 조화와 동의가 항상 가능한 것은 아니며, 다른 사람의 삶과 욕구로부터 벗어나는 것도 중요함
ENTP	- 외향적 직관형: 주 기능(Ne) - 부 기능(Ti) - 3차 기능(F) - 열등 기능(Si)	
	- 일방향성	▪ 평가 없이 흥미롭고 새로운 생각에만 과도하게 몰입함 ▪ 인내심이 없어지고, 화를 잘 내며, 더 솔직해짐 ▪ 감정에 무감각해지고 논쟁적이게 됨 ▪ 많은 활동에 과도하게, 얇고 넓게 참여
	- 열등 기능	▪ 강박적이고 까다롭고 강제적이게 됨 ▪ 회피와 부동, 우울 ▪ 신체 감각에 대한 과도하고 과장된 걱정
	- 몇 가지 해결법	▪ 여유와 명상을 위한 시간을 갖고 중요한 것이 무엇인지 기억하며, 지지자를 찾고, 몇몇 사소한 것은 다른 사람에게 넘길 필요가 있다. ▪ 신체적 자아를 돌보아야 할 필요성을 인정하라. ▪ 생각을 실현하는 데는 시간이 필요하며, 당신의 신체 부분에 대한 집중과 선택이 필요함을 인정하라.

ENTJ		- 외향적 감정형: 주 기능(Te) - 부 기능(Ni) - 3차 기능(S) - 열등 기능(Fi)	
	- 일방향성	▪ 사람과 사건에 대한 과도하고, 단정적이고, 부정적인 비판 ▪ 화를 잘 내고, 압박감을 느끼며, 걱정하게 되고, 인내심이 없어지며 무감각해짐 ▪ 점점 시야가 좁아지고 다른 사람의 이야기에 귀를 기울이지 않음
	- 열등 기능	▪ 통제할 수 없다고 느낌 ▪ 강한 감정 폭발, 상처받기 쉽다고 느낌, 후회 ▪ 외로움, 내버려짐, 인정받지 못한 감정에 과도하게 민감
	- 몇 가지 해결법	▪ 자신의 감정과 반응을 충분히 인지하기 위해 시간을 갖고, 신뢰하는 사람들과 함께 이야기를 나눔 ▪ 인생이 항상 합리적이고 논리적인 것은 아님을 기억하고, 자신의 일과 개인적인 삶에서 관계, 감정의 중요성, 역할을 인정하라.

큰일을 이루기 원한다면 우선 자신을 이겨라. 자신을 이기는 것이
가장 큰 승리이다.   - 드러먼트

초등학교 4학년 시절로 기억된다. 교내 체육대회 1,000m 달리기
경주에 참여한 적이 있다. 100m 교내 운동장을 열 바퀴를 뛰는 장
거리 코스였다. 평소 달리기에 자신이 있었던 필자는 어린 마음에
'이것쯤이야'라는 안일한 생각으로 참여했다. 당당한 모습으로 출발
선에 서서 '탕' 하는 소리와 함께 총알같이 뛰쳐나갔다. 운동장 한 바
퀴를 달릴 때까지만 해도 선두자리를 지켰다. 하지만 한 바퀴를 넘
어서자 숨이 차오르는 것을 느낄 수 있었다. 하나둘 앞질러 가는 친
구들의 모습에 불안함을 느낀 필자는 젖 먹던 힘까지 짜내며 뒤를
쫓아갔다. 하지만 페이스를 조절하며 달리는 친구들과 달리 이미 숨
이 턱까지 차 호흡이 거칠어질 대로 거칠어진 필자는 거의 걸어가
다시피 했다. 심장이 터질 것만 같았다. 걷기조차 힘들어 겨우 세
바퀴를 돌고 나서 더는 따라잡기는 틀렸다는 생각에 결국 포기를
하고 말았다. 스탠드에서 응원하던 친구들이 "에이, 그것밖에 못 뛰
었어? 결국 꼴찌네."라는 표정으로 나를 보며 비웃는 것만 같았다.

어린 마음에 제일 먼저 포기를 선언해버린 나 자신이 너무 부끄러워 고개를 들 수 없었다.

그렇게 필자는 일생일대 가장 큰 좌절을 경험했다. 운동장 열 바퀴를 처음 달려보는 1,000m 장거리 달리기를 11살 어린 소녀가 아무런 준비 없이 도전한 것이다. 돌이켜 보면 초등학교 4학년 시절 1,000m 장거리 달리기를 포기했던 경험이 지금의 나를 있게 했다. 덕분에 인생이라는 긴 마라톤을 준비했기 때문이다. 한 바퀴씩 달릴 때마다 고통으로 일그러지는 친구들의 얼굴을 보면서 '저 친구가 얼마나 힘들까?'라며 공감할 수 있었으며, 끝까지 포기하지 않고 달리는 친구들을 응원해 주었다. 그리고 힘들게 결승점에 도착한 친구들에게 한걸음에 달려가 진심으로 축하해주며 함께 기쁨을 누렸다.

인생은 42.195km의 마라톤이다. 그것도 결승점이 어디인지 모르는 아주 긴 마라톤이다. 42.195km의 마라톤은 처음 출발과 다르게 시간이 지나면 지날수록 숨이 차오르고 심장이 터질 듯하다. 포기할까? 말까? 수없이 고민하며 그 고비를 넘기면 묵묵히 자신의 길을 가다 보면 러너스 하이(runner's high)를 경험하는 순간이 온다고 한다. 러너스 하이란 달리기의 고통이 희열로 바뀌는 순간 분비되는 호르몬으로, 헤로인이나 모르핀을 투약했을 때 나타나는 의식 상태와 행복감과 비슷하다고 한다. 러너스 하이를 경험한 사람들에 의하면 오랜 달리기로 지칠 대로 지친 몸이 어느새 깃털처럼 가벼워지고 리듬감이 생기면서 피로감이 사라지는데, 이는 '하늘을 나는 느낌' 또는 '꽃밭을 걷고 있는 기분'이라고 한다.

인생이라는 마라톤에서도 러너스 하이를 경험할 수 있다. 러너스 하이는 신체의 임계점뿐만 아니라, 정신적인 임계점을 뜻하기도 한다. 필자는 학창 시절 매일 나머지 공부를 하는 학습부진아였으며 사춘기 시절 방황으로 인해 학업을 중도포기 해야만 했다. 하지만 유년 시절 1,000m 달리기의 경험을 통해 42.195km의 마라톤은 속도가 아닌 방향이라는 것을 깨달았다. 인생이라는 긴 마라톤에서 올바른 방향이란? 자신이 가장 좋아하고(Like), 잘할 수 있는(Best) 나만의 재능을 발견하여 재미있게(Fun) 활용하는 것이다. 나만의 속도로 페이스를 유지하며 힘이 들면 잠시 쉬어갈지언정 포기하지 말아야 한다. 러너스 하이, 즉 자신의 임계점을 경험한 사람만이 결국 꿈이라는 결승점을 통과할 수 있다. 필자 역시 인생이라는 마라톤에서 끝까지 포기하지 않고 달려 '꿈'이라는 결승점을 통과했을 때 비로소 러너스 하이를 느낄 수 있었다. 시간은 나에게 가장 큰 스승이었으며, 그렇게 나는 나를 믿었다.

참고문헌

- 강민정, 박주식(2017). MBTI 성격유형, 직무만족, 고객지향성 및 이직의도 간의 관계에 관한 연구, 영남지역 H사 보험설계사를 대상으로. 대한경영정보학회.
- 강민정(2018). 영연사원의 관계판매행동이 영업성과 및 직무만족에 미치는 영향 - MBTI성격유형의 조절효과를 중심으로. 부산대학교 일반대학원. 박사학위논문.
- 강민정, 서혜진, 송태호(2018). 영업사원의 성격유형이 영업성과와 직무만족에 미치는 영향: 관계판매행동을 중심으로. 유통경영학회지.
- 김기석(1994). 직무스트레스 및 직무만족 결정요인에 관한 실증적 연구. 청주대 대학원. 박사학위논문.
- 김정규(1995). '게스탈트 심리치료' 학지사.
- 김정택, 심혜숙, 제석봉(2009). MBTI개발과 활용. 어세스타.
- 김정택, 심혜숙(2015). '서로 다른 천부적인 재능들'. 어세스타.
- 김명준, 심혜숙. 16가지 성격유형의 특성. 어세스타.
- 김명준, 송미리. MBTI 성격유형과 팀 : 3판, 어세스타.
- 정경연(2007). '스트레스 제로기술' 삼성경제연구소.
- 김정호, 김선주(2007). '스트레스의 이해와 관리' 시그마 프레스.
- 윤성주, 안윤영, 정규엽(2017). 항공사 객실 승무원의 직무스트레스가 고객지향성에 미치는 영향. 호텔경영학연구.
- 조성환(2002). 성격-MBTI와 Jung 심리학. 한림미디어.
- 한애경, 김옥수, 원종순(2007). 임상간호사의 성격유형에 따른 직무스트레스와 대응방법에 관한 연구. 임상간호연구.
- 후정(2008). 직무 특성이 직무스트레스에 미치는 영향 성격의 조절효과. 대한산업학회지.
- 안데르센 에릭슨. 1만 시간의 재발견 중.
- GALLUP : 위대한 나의 발견-강점혁명 중.

- MBTI 성격유형 : (주)한국MBTI 연구소.
- MBTI 적용 프로그램. 성격유형과 스트레스.
- Naomi L. Quenk PH. D.(2004). '성격유형과 열등 기능'. 한국심리검사연구소.
- Delunas, E.(1992). Survival Games Personalities Play. Carmel, CA : Sunink Publications.
- Faulder, L.(2005). The growing cult of personality tests. The Edmonton Journal, January : 9.
- Hull, R. F C.(ed.) and Baynes, H. G(Trans.) 1971. The Collected Works of C. G. Jung. Bollingen Inc.
- www.koica.go.kr
- www.mbti.co.kr
- www.career4u.net
- www.knou.ac.kr
- www.kopo.ac.kr
- www. kteacher.koren.go.kr

강민정

어느 날 갑자기 돌아가신 아버지의 장례를 치르면서 문득 '꿈'에 대해 생각해 보았다. 유년 시절 나머지 공부를 밥 먹듯이 한 학습부진아였으며, 청소년 시절 문제아였던 아이가 박사가 되겠다고 했을 때 아무도 믿지 않았다. 또한, 잘나가던 세일즈를 그만두고 대학교수가 되겠다고 했을 땐 다들 미쳤다고 하였다. 저자는 불가능한 꿈을 이루기 위해 조금은 늦은 서른이라는 나이에 공부를 시작하게 되었으며 멘토 분의 권유로 'MBTI'를 공부하게 되었다. 'MBTI'라는 도구를 활용하여 나만의 가장 강력한 아이템인 '강점 성격'이라는 성공 키워드를 발견하게 되었으며 이를 통해 불가능하다고 믿었던 '꿈'을 이룰 수 있었다. 또한 강점 성격을 통해 '나'라는 사람을 알아가고 좀 더 나아가 가장 '나다운' 성격을 찾았을 때, 가장 '나다움'을 만날 수 있었다.

현재 저자는 <통하다 성격경영컨설팅>의 대표이며 울산정보산업진흥원 이노베이션스쿨의 교육팀장을 역임하고 있다. 또한 강성(강점 성격)마케팅에 관한 다양한 강연 활동과 함께 개인의 강점 성격을 파악하여 자신의 업무와 진로에 매칭시키는 경영 전략을 맞춤 컨설팅을 제공하고 있다. 이를 통해 나만의 강력한 아이템인 강점 성격을 통해 10배, 100배 이상의 성과를 만들어내며 더 나아가 자신의 꿈을 이룰 수 있는 "성공을 부르는 강점 성격"을 소개하고자 한다.

mini197009@hanmail.net

성공을 부르는
강점 성격

초판인쇄 2021년 3월 12일
초판발행 2021년 3월 12일

지은이 강민정
펴낸이 채종준
펴낸곳 한국학술정보㈜
주소 경기도 파주시 회동길 230(문발동)
전화 031) 908-3181(대표)
팩스 031) 908-3189
홈페이지 http://ebook.kstudy.com
전자우편 출판사업부 publish@kstudy.com
등록 제일산-115호(2000. 6. 19)

ISBN 979-11-6603-334-6 03320